DER
BRO
CODE

&

DAS
PLAYBOOK

BARNEY STINSON
mit MATT KUHN

WE LOVE *Books*
by riva

DER
BRO
CODE

Die Bibel für alle Bros

Das PLAYBOOK

BARNEY STINSON

mit MATT KUHN

WE LOVE *Books*
by riva

Bibliografische Information der Deutschen Nationalbibliothek:
Die Deutsche Nationalbibliothek verzeichnet diese Publikation in der Deutschen Nationalbibliografie; detaillierte bibliografische Daten sind im Internet über http://d-nb.de abrufbar.

Für Fragen und Anregungen:
barneystinson@rivaverlag.de

2. Auflage 2013
© 2012 by riva Verlag, ein Imprint der Münchner Verlagsgruppe GmbH
Nymphenburger Straße 86
D-80636 München
Tel.: 089 651285-0
Fax: 089 652096

Die amerikanische Originalausgabe des *Bro Code* erschien 2008 bei Fireside, a Division of Simon & Schuster, Inc. unter dem Titel *The Bro Code*. Copyright TM & © 2008 by Twentieth Century Fox Film Corporation. All rights reserved. Published by arrangement with the original publisher, Fireside, a Division of Simon & Schuster, Inc.

Übersetzung: Manfred Allié
Redaktion: Caroline Kazianka
Layout: Timothy Shiner, nightanddaydesign.biz
Satz: HJR, Manfred Zech, Landsberg am Lech

Die amerikanische Originalausgabe des *Playbook* erschien 2010 bei Touchstone, a Division of Simon & Schuster, Inc. unter dem Titel *The Playbook*. Copyright TM & © 2010 by Twentieth Century Fox Film Corporation. All rights reserved. Published by arrangement with the original publisher, Touchstone, a Division of Simon & Schuster, Inc.

Übersetzung: Manfred Allié
Illustrationen: Jenni Hendricks
Layout: Ruth Lee-Mui
Satz: HJR, Jürgen Echter, Landsberg am Lech

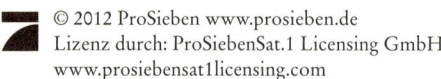

© 2012 ProSieben www.prosieben.de
Lizenz durch: ProSiebenSat.1 Licensing GmbH
www.prosiebensat1licensing.com

Druck: CPI – Ebner & Spiegel, Ulm
Printed in Germany

ISBN 978-3-86883-258-7

Weitere Informationen zum Verlag finden Sie unter
www.rivaverlag.de
Beachten Sie auch unsere weiteren Verlage unter
www.muenchner-verlagsgruppe.de

DER
BRO
CODE

BARNEY STINSON
mit MATT KUHN

DER
BRO
CODE

BARNEY STINSON
mit MATT KUHN

Für mich,

den besten Bro, den ich kenne.

Inhalt

Einführung

Ob bewusst oder unbewusst, wir alle gestalten unser Leben nach Regeln, die tief in unserem Wesen verankert sind, einem Kodex, den wir verinnerlicht haben. Manche nennen diese Regeln Moral. Manche nennen sie Religion. Ich nenne sie den Bro Code.

Jahrhundertelang haben Menschen versucht, diesen Regeln zu folgen, ohne dass sie überhaupt wirklich begriffen haben, worum es dabei ging. Ist es in Ordnung, wenn man einen Bro umarmt?* Wenn ich zur Hochzeit von einem Bro eingeladen werde, muss ich da wirklich ein Geschenk mitbringen?† Darf ich mit der Schwester oder Mutter eines Bros schlafen oder auch mit beiden?‡

Zum ersten Mal habe ich jetzt auf Papier die Regeln festgehalten, an die Bros sich seit den Anfängen der Menschheit halten ...

---

* Auf gar keinen Fall.
† Wieso denn das?
‡ Jetzt hör aber auf, Mann.

wenn nicht sogar noch länger. Die Regeln des Bro Code sind bisher nur mündlich überliefert worden (na!), und so habe ich die Länder der Welt bereist, um pausenlos all die verstreuten Fragmente des Kodex zusammenzusuchen und eigenhändig aufzuschreiben (doppeltes na!). Ich wollte keinen Ratgeber in der Art »Wie wird man ein Bro?« erstellen, wenn aber die Leute den Bro Code so verstehen und dieses Kompendium des Wissens von einer Generation an die nächste weitergeben, so wird mir das sicherlich eine Träne in den Augenwinkel treiben. Doch genug, denn das wäre ein Verstoß gegen Artikel 41: Ein Bro weint niemals.

Ich hoffe sehr, dass alle Bros dieser Welt durch ein besseres Verständnis des Bro Code alle Unterschiede beiseiteschieben können und der Zusammenhalt in der Bruderschaft gestärkt wird. Denn dann und nur dann können wir alle gemeinsam daran arbeiten, die größte Aufgabe zu meistern, die die Gesellschaft uns stellt – eine tolle Braut ins Bett zu bekommen. Bevor jemand jetzt ein solches Ziel als unwürdig und menschenverachtend abkanzelt, frage ich euch: Würden wir Männer uns ohne den Spaß, den uns die Jagd nach Frauen macht, auf Sex einlassen, nur um stinkende, schreiende Babys zu produzieren?[*]

Wenn irgendwann in der Zukunft ein Bro das, was vom Bro Code noch erhalten sein wird, anwendet, um bei einer dreibusigen Braut zu landen, dann wünsche ich mir nur, dass ihm dann noch bewusst ist, dass ich – mit welch kleinem Beitrag auch immer – ihm dazu verholfen habe. Obwohl ich natürlich auch nichts dagegen hätte, wenn er sich etwas einfallen ließe, um mich wieder zum Leben zu erwecken. Das wäre echt nicht schlecht.

Barney Stinson

[*] Natürlich nicht

WAS IST EIN BRO?

Ein Bro ist ein *brother*, ein Bruder, und wahrscheinlich habt ihr das Wort schon x-mal in eurer Eckkneipe oder im Sportstudio gehört. Vielleicht auch in einer Softdrinkreklame, die einen auf Männerfreundschaft gemacht hat, obwohl da eigentlich das Wort »Kumpel« oder »Alter« besser gepasst hätte. Vielleicht habt ihr selbst schon einmal einen Wildfremden, den ihr nur nach der Uhrzeit fragen wolltet, als Bro angesprochen. Aber es gibt da einen entscheidenden Unterschied, und nur weil jemand ein guter Typ ist, ist dieser Typ noch lange kein Bro..

F: *Was ist ein Bro?*

A: Ein Bro ist ein Mensch, der euch sein letztes Hemd geben würde, wenn er es selbst nicht mehr braucht. Ein Bro ist ein Mensch, der sich ein Bein dafür ausreißen würde, euch zu helfen, jemand anderem ein Bein auszureißen. Kurz gesagt, ein Bro ist ein Freund fürs Leben, auf den ihr euch immer verlassen könnt, es sei denn, er hat gerade was anderes vor.

F: *Wer ist euer Bro?*

A: Euer Postbote ist ein Bro, euer Vater war früher ein Bro, der Junge, der euren Rasen mäht, ist der Bro von morgen, aber das heißt noch lange nicht, dass er auch euer Bro ist. Wenn jemand sich genau an einen oder auch mehrere Artikel des Bro Code hält, dann könnt ihr ihn als euren Bro betrachten. Aber Achtung: Vorsicht ist geboten, wenn ihr mit einem tollen Mädel nach Hause kommt – euer Bruder kann euer Bro sein, muss es aber nicht.

F: *Kann nur ein Kerl ein Bro sein?*

A: Man muss kein Mann sein, um ein Bro zu sein – man muss nur den moralischen Standards dieses ehrwürdigen Kodex gerecht werden. Wenn eine Frau einem Mann ihre Freundin mit Körbchengröße D vorstellt, dann handelt sie wie ein Bro. Wenn sie ihm noch weitere großbusige Freundinnen vorstellt, nachdem er mit der ersten geschlafen und sie dann nie wieder angerufen hat, ist sie ganz offiziell sein Bro.

BROKABULAR

Wenn ihr im Bro Code blättert, stoßt ihr vielleicht auf Wörter und Ausdrücke, die ihr noch nie gehört habt. Viele davon haben wir fett gedruckt und in das **Brossar** auf Seite 193 aufgenommen, damit ihr euch mit dem **Brolekt** vertraut machen könnt.

Auch wenn es die Pflicht eines Bro ist, die frohe Botschaft des Bro Code unters Volk zu bringen, ist doch vor einer übermäßigen Verwendung des Wortes »Bro« zu warnen. Eine zu häufige Wiederholung oder **Broliferation** schadet der heiligen Mission dieses Buches, und, fast ebenso schlimm, ihr hört euch dann auch ziemlich blöd an.

SINNVOLLE VERWENDUNG DES AUSDRUCKS »BRO«	UNANGEBRACHTE VERWENDUNG DES AUSDRUCKS »BRO«
Nabroleon	Heilige Broanna
Tom Brorow	Brobel Schäfer
Bro Jackson	Bro J. Simpson
Teddy Broosevelt	Geraldine Ferrarbro
Broce Springsteen	Broko Ono

DIE ANFÄNGE

Die Entstehungsgeschichte des Bro Code ist nicht annähernd so einfach und elegant wie die, in der Broses von Gott ein paar Steintafeln in die Hand gedrückt bekommen hat, doch auch seine Anfänge reichen bis in die Frühzeit des Menschen zurück.

Zunächst gab es keinen Bro Code – was den beiden ersten Bros, Kain und Abel, zum Verhängnis wurde. Nur weil man sich noch auf keine Regeln verständigt hatte, konnte es zum **Broizid** kommen: Kain erschlug Abel und musste zur Strafe fortan allein auf Erden weilen. Warum? Weil ein Mann ohne **Wingman**, also ohne treuen Freund, der ihn mit allen Mitteln beim Aufreißen unterstützt, nicht die geringste Chance hat, jemals an eine Braut zu kommen.

Jahrhunderte später bekamen sich ein Bro aus Sparta und ein Bro aus Troja wegen einer Braut namens Helena in die Haare. Ich weiß, dass Helena nicht gerade heiß klingt, doch laut zuverlässiger Quelle hatte sie »ein Antlitz, welches 1000 Schiffe in Gang setzte«, da kann man sich also vorstellen, wie die Anlegestelle wohl aussah. Die beiden lieferten sich um diese Braut eine fürchterliche Schlacht – ein Krieg, der vermieden hätte werden können, wenn die beiden Bros mit der wichtigsten Grundregel des Bro Code vertraut gewesen wären: Bruder vor Luder. Troja wehrte sich mannhaft, doch Sparta hatte die bessere Marine. Nicht lange, und Massen von spartanischen Matrosen durchbrachen die trojanische Abwehr, und Helena konnte für die nächsten 18 Jahre im Warmen sitzen.

Wiederum Jahrhunderte später schrieb ein wenig bekannter Abgeordneter namens Barnabas Stinson mit kratzender Feder in Philadelphia (was sehr passend ist, schließlich ist es die Stadt der brüderlichen Liebe) ein paar Sätze auf Pergament, die heute als der älteste Versuch gelten, die Regeln des Umgangs unter Bros zu kodifizieren. Im Laufe der Jahre hat die Gemeinschaft der Bros weitere Regeln hinzugefügt und die ursprünglichen modifiziert, doch Stinsons präzise Formulierungen haben als elegante Präambel zum heutigen Bro Code Bestand.

Obwohl das Originaldokument zwei Stockwerke unter Meereshöhe in einer geheimen, vakuumverschlossenen, kugelsicheren Kammer liegt, konnte ich es lange genug einsehen, um die folgende Kopie anzufertigen.

Der Bro Code

Wenn es im Lauf menschlicher Begebenheiten für ein Volk nötig wird, dass unter Bros ein Disput beigelegt werde, so erfordern Anstand und Achtung für die Meinungen des männlichen Geschlechts, dass man die Ursachen anzeige, welche zum Dispute führten, auch wenn die Erfahrung sagt, dass es sich meist um eine Braut handeln wird. Wir halten diese Wahrheiten für ausgemacht, dass alle Bros gleich erschaffen wurden ~ aber natürlich nicht unbedingt alle gleich aussehen oder den gleichen guten Geschmack haben ~, dass sie von ihrem Schöpfer mit gewissen unveräußerlichen Rechten begabt wurden, worunter sind Leben, Freiheit und das Bestreben nach sexueller Erfüllung. Zur Versicherung dieser Rechte legen wir den Bro Code vor. Es soll das Recht der Bros sein, ihn zu verändern oder abzuschaffen und einen neuen Kodex einzusetzen, aber vertut euch da nicht ~ es ist ein Haufen Arbeit.

Es sei hiermit festgelegt, dass vom heutigen Tage an, wenn und falls zwei Gentlemen die Gesellschaft ein und derselben Jungfer begehren, derjenige Bro, welcher als Erster seine Absichten betreffend fraglicher Jungfer kundtut, Vorrecht für jene Zeitspanne genießen soll, welche man vernünftigerweise für einen Erstschlag braucht, oder jene Spanne, welche der Sand eines Uhrglases benötigt, von dessen einer Hälfte in die andere zu rinnen, je nachdem, welches sich als Erstes erfüllt. Unter keinerlei Umständen soll geduldet werden, dass ein Bro diese Rechte verletzt und seinem Bro an die Eier geht, selbst dann nicht, wenn er reichlich dem Starkbiere zugesprochen hat.

DER
BRO
CODE

☞ ARTIKEL 1 ☜

Bruder vor Luder.

D as Band zwischen zwei Männern ist stärker als das Band zwischen Mann und Frau, weil Männer normalerweise stärker sind als Frauen. Das ist eine wissenschaftliche Tatsache.

WUSSTET IHR SCHON ...

Artikel 1 lässt sich bis zur Genesis zurückverfolgen.
Nein, nicht der Popgruppe mit Peter Gabriel und Phil
Collins, sondern zum ersten Buch der Bibel. Bei der Entdeckung
der Schriftrollen vom Toten Meer kam auch die folgende verloren
geglaubte Passage zum Vorschein, die den ältesten Verstoß gegen
den Bro Code überhaupt dokumentiert.

DAS BUCH BARNABAS 1:1

*Und ein jegliches, des der Mensch bedurfte, war in dem Garten. Obst,
Wasser, Gesellschaft. Doch eines Tages entdeckte Adam eine nackte
Braut, Eva, und wollte ihr Blümlein pflücken. Also begab sich Adam
hinter einen Apfelbaum, auf dass er Eva erkenne, und ließ seinen Bro
namens Phil schmählich im Stich. Und dabei hatte Phil Karten für
die New York Knicks. Ganz vorn. Na, um es kurz zu machen, die
Menschheit verlor ihre Unschuld, das Paradies wurde geschlossen, und
wir wissen ja alle, wie es danach mit den Knicks bergab ging.*

⌒ ARTIKEL 2 ⌒

Ein Bro hat jederzeit das Recht, etwas Blödsinniges zu tun, vorausgesetzt, sämtliche anderen Bros tun es auch.

ANMERKUNG: Wäre Butch Cassidy damals allein aus der Blockhütte gestürmt, hätten die Leute so etwas gesagt wie »Oh Mann«. Wäre nur ein einziger bescheuerter Spanier auf die Idee gekommen, mit einer Horde wütender Stiere hinter sich durch die Straßen zu rennen, hätten die Leute gesagt: »Kann nicht sein, oder?« Wenn sich in den Anfangstagen von Mötley Crüe nur Tommy Lee die Wimpern getuscht hätte, hätten die Leute gesagt: »Also ehrlich, Lady.« Der Freibrief zum Blödsein, das ist der tiefere Grund, warum es überhaupt Bros gibt.

⌐ ARTIKEL 3 ⌐

Wenn ein Bro sich einen Hund zulegt, muss ihm dieser im ausgewachsenen Zustand mindestens bis zum Knie reichen.

HINWEIS: Einen Schoßhund nach einem Profiringer oder nach einer Figur in einem Steve-McQueen-Film zu benennen entbindet einen Bro nicht von diesem Grundsatz.

⌐ ARTIKEL 4 ⌐

Ein Bro verrät die Existenz des Bro Code niemals einer Frau. Es ist ein heiliger Text, den man nicht mit einer Braut teilen darf, aus keinem Grund ... nein, auch deswegen nicht.

ANMERKUNG: Sollten Sie weiblich sein und diese Zeilen lesen, möchte ich mich zunächst bei Ihnen entschuldigen – ich hatte nie vor, ein Buch zu schreiben, in dem so viel Mathe vorkommt.

Zum Zweiten bitte ich Sie inständig, dieses Buch als das zu nehmen, als was es gedacht ist – als ein Stück Literatur, das ein großes Publikum mit einem Blick durch die Brille der Geschlechterstereotypen unterhalten möchte. Manchmal scheint es doch wirklich, als kämen wir von verschiedenen Planeten. Und kein normaler Mensch würde an dermaßen einfältige und sexistische Regeln glauben, wie sie in diesem Buch aufgestellt werden, geschweige denn sie befolgen.* Tolle Stiefel übrigens, die Sie da anhaben.

---

* Psst – he, Jungs! Das hier habe ich extraklein ganz untenhin setzen lassen, weil wir ja alle wissen, dass Männer viel bessere Augen haben als Frauen. Kümmert euch nicht um das, was da oben steht – der Bro Code ist keine Literatur, er ist echt! Ich habe da einfach gelogen, damit ich nicht gegen Artikel 4 verstoße.

ARTIKEL 5

Egal, ob ein Bro sich für Sport interessiert oder nicht, er interessiert sich für Sport.

☞ ARTIKEL 6 ☜

Ein Bro ist nicht zimperlich, wenn er sich im Umkleideraum eines Sportstudios nackt vor anderen Bros zeigen muss.

HINWEIS: Wenn ein Bro sich im Umkleideraum nackt auszieht, müssen alle anderen Bros so tun, als ob überhaupt nichts dabei wäre, zugleich aber unverzüglich den Blick abwenden. Im Zweifelsfall gilt die alte Regel: »Wenn das letzte Handtuch fällt, unser Blick zu Boden schnellt.«

~ ARTIKEL 7 ~

Ein Bro gibt niemals zu,
dass er nicht fahren kann –
nicht einmal nach einem Unfall.

⚮ ARTIKEL 8 ⚮

Ein Bro schickt einem anderen Bro niemals eine Grußkarte.

Es gibt zwischen Bros kein Gefühl, das nicht durch den Austausch von emotional angenehm distanzierter elektronischer Post vermittelt werden könnte. Hier einige Beispiele für **Bromails**, die kurz und klar das Wesentliche zum Ausdruck bringen und die beträchtlichen Mühen und Kosten des Aussuchens und Verschickens einer echten Grußkarte ersparen.

BROMAILS FÜR JEDE GELEGENHEIT

ANTEILNAHME

An:	Bro
Von:	Bro
Betr.:	Typ

Tut mir leid, Bro.

GLÜCKWÜNSCHE

An:	Bro
Von:	Bro
Betr.:	Bro!

Klasse, Bro!

GENESUNGSWÜNSCHE

An:	Bro
Von:	Bro
Betr.:	Bro. . .

Halt die Ohren steif, Bro.

GEBURTSTAG

An:	Bro
Von:	Bro
Betr.:	Typ

Die Runde geht auf mich, Bro.

ICH DENKE AN DICH

An:	k. A.
Von:	k. A.
Betr.:	k. A.

k. A.

ARTIKEL 9

Sollte ein Bro durch Unfall oder Krankheit ein Körperteil einbüßen, machen seine Mitbros keine blöden Bemerkungen wie »Au, das wäre beinahe ins Auge gegangen« oder »Wie die dich in deinem Job fertiggemacht haben, das ging dir ja ganz schön an die Nieren«.
Der Bro blickt nach wie vor mit beiden Augen in die Welt und hat weiterhin zwei Nieren ... bildlich gesprochen jedenfalls.

◆ ARTIKEL 10 ◆

Ein Bro wird alles stehen und liegen lassen und seinem Bro zu Hilfe eilen, wenn dieser Mühe hat, eine Braut loszuwerden.

Es ist ganz normal, dass ein Bro etwas verwirrt ist, wenn er mit einer Braut Schluss machen möchte. Wahrscheinlich macht er sich Sorgen, dass sie sich aufregen oder gar gewalttätig werden könnte, wenn er ihr ganz vernünftig erklärt, dass er gern Sex mit ihren Freundinnen hätte. Das sind die Augenblicke, in denen ein Bro seinen Bro am meisten braucht, damit der ihm sagt, dass es noch jede Menge andere Bräute gibt und dass man auch ohne Stress und gefahrlos Schluss machen kann, sogar mit minimalem Zeitaufwand.

TIPPS: WIE MAN EINE BRAUT MIT WENIGER ALS ZEHN WORTEN LOSWIRD

»Nimm doch stattdessen lieber einen Salat.«
»Süß, jetzt bekommst du auch einen Schnurrbart!«
»Die sieht aus wie du in deinen besten Zeiten.«
»Ich würde die Implantate bezahlen.«
*»Tut mir leid, dass ich deine Schuhe
weggeworfen habe.«*
»Bei deiner Schwester durfte ich das.«

⌒ ARTIKEL 11 ⌒

Ein Bro darf seinen Bro
(seine Bros) um Hilfe beim Umzug
bitten, doch muss er den Zeitaufwand
und die Anzahl größerer Möbelstücke
realistisch angeben. Sollte der Bro
beides grob unterschätzt haben, haben
die Bros das Recht, seine Besitztümer
einfach dort stehen zu lassen, wo sie
sich gerade befinden – meistens mitten
in einem Durchgang.

☞ ARTIKEL 12 ☜

Bros teilen keinen Nachtisch.

⌐ ARTIKEL 13 ⌐

Jeder Bro muss einen anderen Bro als Wingman haben.

BERÜHMTE WINGMEN – WELCHE PAARE GEHÖREN ZUSAMMEN?

Franz Beckenbauer ❏	❏ Scooby Doo
Snoopy ❏	❏ Dan Quayle
Han Solo ❏	❏ Currywurst
George H. W. Bush ❏	❏ Woodstock
Bert ❏	❏ Chewbacca
Shaggy ❏	❏ Gerd Müller
Bier ❏	❏ Ernie

⌐ ARTIKEL 14 ⌐

Wenn eine Braut sich nach der sexuellen Vergangenheit eines anderen Bros erkundigt, muss der Bro das Schweigegebrot einhalten und so tun, als wüsste er von nichts. Besser, die Frauen denken, dass alle Männer blöd sind, als dass man ihnen die Wahrheit erzählt.

⮪ ARTIKEL 15 ⮫

Ein Bro tanzt nie mit den Händen über dem Kopf.

⌒ ARTIKEL 16 ⌒

*Ein Bro sollte jederzeit
in der Lage sein, die Gewinner
der folgenden Wettbewerbe und
Titel zu nennen: Super Bowl,
Fußballweltmeisterschaft,
Playmate des Jahres.*

Ein Bro sollte zu seinen Arbeitskollegen nett und höflich sein, es sei denn, sie stehen in der Anschnauzpyramide unter ihm.

Amerika wurde auf dem Rücken von Männern und Frauen errichtet, die ständig angeschnauzt wurden, dass sie härter arbeiten sollten, und diese Sitte wurde von Generation zu Generation weitergeschnauzt. Aber natürlich darf man nicht einfach jeden anschnauzen ... nur den, der rangmäßig unter einem steht. Um das Prinzip zu veranschaulichen, hier die Anschnauzpyramide einer Profifußballmannschaft:

GELDGEBER

TRAINER

HILFSTRAINER

KAPITÄN

SPIELER

ZUSCHAUER

Im Büro funktioniert das genauso – hier zum Beispiel die Anschnauzpyramide der Firma, in der ich arbeite:

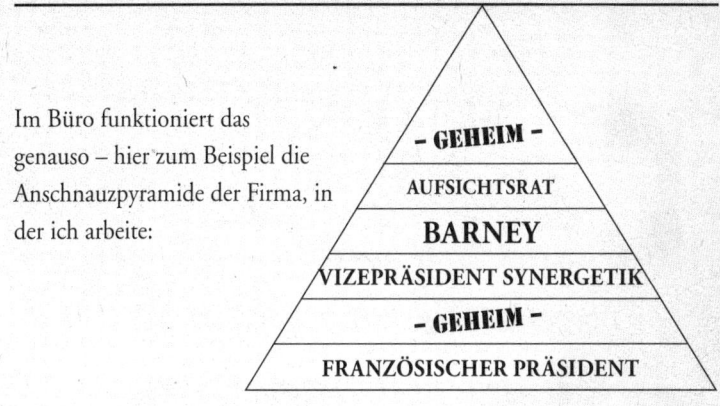

- GEHEIM -
AUFSICHTSRAT
BARNEY
VIZEPRÄSIDENT SYNERGETIK
- GEHEIM -
FRANZÖSISCHER PRÄSIDENT

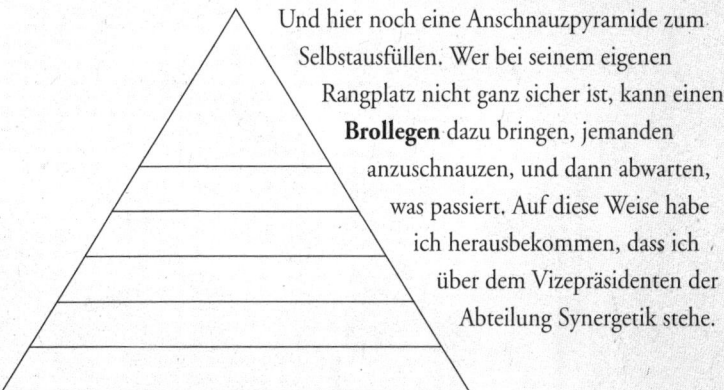

Und hier noch eine Anschnauzpyramide zum Selbstausfüllen. Wer bei seinem eigenen Rangplatz nicht ganz sicher ist, kann einen **Brollegen** dazu bringen, jemanden anzuschnauzen, und dann abwarten, was passiert. Auf diese Weise habe ich herausbekommen, dass ich über dem Vizepräsidenten der Abteilung Synergetik stehe.

WICHTIGER HINWEIS: Solltet ihr feststellen, dass ihr euch ganz unten befindet, ist das kein Grund zum Verzweifeln. Das Schöne an dieser Pyramide ist, dass man an der Basis immer noch eine Stufe hinzufügen kann: die Putzkolonne, den dösigen Wachmann, jeden, der kein Englisch spricht – das sind die Stellen, an denen man ansetzen kann.

☞ ARTIKEL 18 ☜

Wenn ein Bro für eine Party neues Bier besorgt, ist er berechtigt, etwaigen Gewinn nach dem Einsammeln des Geldes einzustreichen.

ANMERKUNG: Um Diskussionen zu vermeiden, sollte der Bro vor seiner Rückkehr den Kassenbon wegschmeißen.

⌒ ARTIKEL 19 ⌒

Ein Bro sollte nicht mit der Schwester seines Bros schlafen. Andererseits sollte ein Bro auch nicht durchdrehen, wenn ein Bro zu ihm sagt: »Mann, deine Schwester ist echt heiß.«

HINWEIS: Wahrscheinlich ist es für alle am besten, wenn ein Bro einfach sämtliche Bilder von seinen Schwestern versteckt, bevor die anderen Bros anrücken.

CHECKLISTE FÜR EIN BROGERECHTES ZUHAUSE

❏ Verstecke alle Bilder von heißen Schwestern, Müttern und Cousinen.

❏ Öffne verschiedene Flaschen, und staube die Bar ab, damit es auch wirklich so aussieht, als ob du sie benutzt.

❏ Hol die Pornohefte aus dem Schlafzimmer, und leg sie ins Klo, damit die Jungs etwas zu lesen haben.

❏ Geh die aufgezeichneten Sendungen deines Digitalrecorders durch, und lösche peinliche Aufnahmen wie Talkshows und dergleichen.

❏ Öffne alle Fenster.

❏ Leg alle Fernbedienungen auf den Couchtisch, egal, ob sie funktionieren oder nicht.

❏ Schalte den Anrufbeantworter ab oder …

❏ Ruf deine Mutter, eine Stunde bevor die Bros kommen, an.

❏ Untersetzer, Untersetzer, Untersetzer!

❏ Schließ dein E-Mail-Programm.

❏ Komplimentiere Freundin/ Sexpartnerin nach draußen.

☞ ARTIKEL 20 ☜

Ein Bro respektiert seine Bros beim Militär, weil sie sich heldenhaft bereiterklärt haben, die Sicherheit seines Landes zu verteidigen, vor allem aber, weil sie ihm dermaßen in den Arsch treten können, dass er nicht mehr weiß, was für ein Wochentag gerade ist.

ARTIKEL 21

Ein Bro macht niemals Bemerkungen über die supergeile Freundin eines anderen Bros. Selbst wenn der Bro mit der geilen Freundin versucht, ihn zu einer Aussage wie »Die ist ja supergeil, Mann« zu verführen, sollte der Bro schweigen, denn in einem solchen Fall sollte nur er selbst jemanden verführen.

⤛ ARTIKEL 22 ⤜

Es gibt keine Regel, die besagt, dass ein Bro nicht weiblich sein kann.

Frauen können ausgezeichnete Bros abgeben. Warum? Weil sie dabei helfen können, den widersprüchlichen und verwirrenden Kodex der anderen Seite zu verstehen – den Braut-Code.

HABEN BRÄUTE WIRKLICH IHRE EIGENEN REGELN?

Ich fürchte, ja. Eines Morgens, als ich mich gerade in aller Stille verdrücken wollte, während meine Gastgeberin unter der Dusche stand, fiel mir ein Exemplar jenes sagenumwobenen Bandes in die Hand. Ich konnte die mit Schnörkeln verzierten Seiten dieses Werks mit rosa schillerndem Umschlag zwar nicht genau studieren, aber einige Sätze fielen mir doch auf, zum Beispiel:

- Eine Braut sollte nicht mit dem Exfreund einer anderen Braut schlafen, es sei denn, sie tut es.

- Eine Braut zahlt nie die Rechnung. Egal, wofür.

- Wenn zwei Bräute in Streit geraten, dann machen sie gehässige Bemerkungen oder ignorieren einander, statt die Sache mit den Fäusten auszutragen und die jeweils andere zu zerlegen.

- Wenn eine Braut einen Frauenpower-Song à la »I Will Survive« hört, muss sie alles stehen und liegen lassen, eine andere Braut an der Hand nehmen und den Text aus vollem Hals mitkreischen.

- Eine Braut darf sich einen Schoßhund zulegen, aber nur, wenn er in ihren Briefkasten passt.

- Wenn zwei Bräute das gleiche Kleid tragen, ist jede dazu berechtigt, über das der anderen einen Drink zu schütten.

- Eine Braut darf kein Motorfahrzeug sicher bedienen.

- An Halloween kann eine Braut ordentlich einen draufmachen.

☞ ARTIKEL 23 ☜

Wenn ein Bro in Gesellschaft von anderen Bros durch verschiedene Fernsehsender zappt, darf er keine Sendung überspringen, in der Titten zu sehen sind. Dazu gehören aber auch Fitness- oder Gymnastiksendungen oder unter gewissen Umständen sogar medizinische Sendungen.

⌐ ARTIKEL 24 ⌐

Wenn ein Bro eine Baseballkappe trägt, muss er den Schild entweder exakt nach vorn oder exakt nach hinten ausrichten. Alle anderen Winkel sind Rappern oder Behinderten vorbehalten.

ARTIKEL 25

Ein Bro lässt nicht zu, dass ein anderer Bro sich tätowieren lässt, schon gar nicht mit einem Tattoo mit dem Namen eines Mädchens.

Im Durchschnitt hält die Beziehung zwischen einem Mann und einer Frau 83 Tage. Die Beziehung zwischen einem Mann und seiner Haut hält jedoch das ganze Leben und will gepflegt sein, schließlich ist die Haut das größte und zweitwichtigste Organ eines Mannes.

BARNEY STINSONS KLEINE TATTOOKUNDE

TATTOO	ÜBERSETZUNG
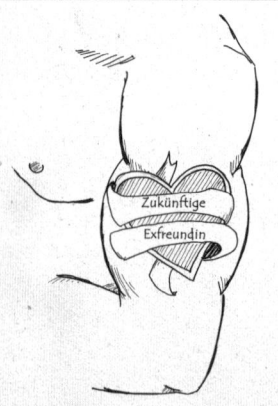	»He, Leute, seht euch das an! Nicht genug damit, dass ich so blöd war, an eine einzige Partnerin fürs ganze Leben zu glauben, ich häng's auch noch an die große Glocke, damit auch ja jede sieht, dass sie bei mir nicht landen kann.«

TATTOO	ÜBERSETZUNG

»He, Leute, seht euch das an! Der Streifen hier, der sieht doch aus wie eine Narbe, die ich mir bei einem Initiationsritual zugezogen habe, als mein Dorf mich für mehrere Tage ohne Brot und ohne Wasser in den Busch geschickt hat … wie in diesem Basketballfilm mit Kevin Bacon.«

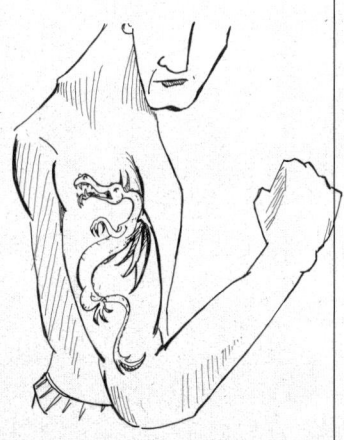

»He, Leute, seht euch das an! Der Drache auf meinem Arm ist echt furchterregend, oder? Da kriegt ihr's mit der Angst, stimmt's? Gut so, schließlich soll keiner auf die Idee kommen, bei meiner Mom in den Keller einzubrechen.«

BARNEY STINSONS KLEINE TATTOOKUNDE (FORTS.)

TATTOO	ÜBERSETZUNG
	»He, Leute, seht euch das an! Ich lebe gemäß einer fernöstlichen Philosophie, und diese Schriftzeichen in Kantonesisch und/oder Mandarin, die ich mir da in meine Muskeln habe meißeln lassen, erzählen davon – oder auch nicht. Wenn ich diese Sprache sprechen oder lesen könnte, könnte ich euch vielleicht genauer erklären, was es damit auf sich hat, aber so müsst ihr einfach glauben, was der Tätowierer, der ein ziemlich finsterer Bursche war, gesagt hat. Ich hab's ihm jedenfalls sofort geglaubt.«
	»He, Leute, seht euch das an! Ich habe mir eine wichtige Botschaft auf meine Finger schreiben lassen. Es müssen genau zehn oder weniger Buchstaben sein, und man kann das Ganze nur lesen, wenn ich Wasserski fahre oder gerade verhaftet werde, aber trotzdem ist das eine extrem wichtige Botschaft, die genau das zum Ausdruck bringt, was ich fühle und denke.«

⌒ ARTIKEL 26 ⌒

*Ein Bro darf sein Handy nicht
in einer Gürteltasche tragen,
es sei denn, er hat Kinder.*

⌒ ARTIKEL 27 ⌒

Ein Bro zieht niemals sein Hemd in Gegenwart anderer Bros aus, es sei denn am Strand oder am Pool.

HINWEIS: Ein Bro mit einem behaarten Rücken behält sein Hemd bei allen Gelegenheiten an, auch am Pool oder am Strand. Sorry, Bro.

~ ARTIKEL 28 ~

Ein Bro weist seinen Bro rechtzeitig darauf hin, dass ein Zickenkrieg mit Handgreiflichkeiten droht.

Ein Bro muss so früh wie möglich darauf hinweisen, dass die Aussicht auf Handgreiflichkeiten zwischen zwei Vertretern der weiblichen Variante der Spezies Mensch (Zickenkrieg) besteht, damit einer oder mehrere andere Bros die Gelegenheit erhalten, dabei zugegen zu sein. »Rechtzeitig« ist ein dehnbarer Begriff, dessen Definition auch davon abhängt, wie der Bro, der zuerst auf die weibliche Auseinandersetzung aufmerksam wird, die Aussichten auf eine Eskalation einschätzt. Besagter Bro muss sämtliche ihm zur Verfügung stehenden Kommunikationsmöglichkeiten nutzen, zum Beispiel Telekommunikation, Anstoßen mit dem Ellenbogen, Brieftauben, Drahtfunk, lautes Rufen, Postkarten oder Telepathie. Wenn ein informierter Bro den Handgreiflichkeiten nicht persönlich beiwohnen kann, ist der anwesende Bro verpflichtet, das Ereignis zu dokumentieren und später mittels Fotos, Video oder, wenn gar nichts anderes verfügbar ist, Pantomime und/oder Ausdruckstanz wiederzugeben.

Wenn zwei Bros beschließen, zusammen ins Kino zu gehen, dürfen sie keine Vorstellung besuchen, die später als 16.40 Uhr beginnt. Außerdem sollten sie sich keinen Eimer Popcorn teilen, auch wenn es kostengünstiger wäre, sondern stattdessen individuelle Tüten erwerben.

⌒ ARTIKEL 30 ⌒

Ein Bro geht nicht auf Schnäppchenjagd.

⌐ ARTIKEL 31 ⌐

Wenn ein Bro auf Frauenjagd ist, versucht er sein Glück zuerst bei der heißesten Braut, schließlich weiß man ja nie ...

AKTUELLE HITLISTE HEISSER BRÄUTE		
1. Halbasiatinnen	⇧2	Multiethnisch? Multisexy!
2. Libanesinnen	⇩1	Liebernesinnen!
3. Töchter von Politikern	⇩1	Immer für eine Überraschung gut.
4. Stumme	⇔	Eines steht fest: Angenehm sind sie.
5. Bräute aus den Videoclips der Achtziger	⇧112	Räkeln sich über die Motorhaube einer Corvette in die Top Ten.

6. Echt große Bräute	⇧4	Kommen immer an den Deckenventilator ... vom Bett aus.
7. Meerjungfrauen	⇔	Feucht. Wild. Wundervoll.
8. Sektenbräute	⇧883	Garantiert irre.
9. Armeebräute	⇩4	Ein echter Nahkampf!
10. Mädels auf Rollerblades	⇩4	Zu schnell, zu unstet.

ARTIKEL 32

Ein Bro lässt nicht zu,
dass ein anderer Bro heiratet,
bevor er nicht mindestens 30 ist.

ARTIKEL 33

*Auf einer öffentlichen Toilette schaut
ein Bro erstens beim Gebrauch
des Pissoirs starr vor sich hin,
zweitens gibt er den obligatorischen
Kommentar »Bin ich denn hier
auf dem Mädchenklo« ab, wenn
mehr als zwei Kerle zum Pinkeln
anstehen, und drittens versucht
er, sein zusammengeknülltes
Papierhandtuch wie einen
Basketball in den Korb zu werfen –
gegebenenfalls mit Abpraller.*

⌐ ARTIKEL 34 ⌐

Zwischen Bros gibt es bei einem Teufelsdreier keinen Blickkontakt.

☞ ARTIKEL 35 ☜

Ein Bro leiht sich nie einen Frauenfilm aus.

⌐ ARTIKEL 36 DD ⌐

Wenn in weiblicher Gesellschaft das Thema falsche Brüste zur Sprache kommt, äußert ein Bro sich stets abfällig.

Falsche Brüste können in einem Gespräch mit einer Frau durchaus zum Thema werden, allerdings wohl nicht in der Art, wie es wünschenswert wäre. Es kommt nicht selten vor, dass eine Frau mit Fangfragen arbeitet, um dahinterzukommen, wie ein Bro zur Frage der Brustvergrößerung steht.* Und glaubt ja nicht, dass euch das Geschwafel über die Schönheit der natürlichen Formen, das ihr für solche Fälle in petto habt, retten kann.

WIE MAN MIT FALSCHEN BRÜSTEN UMGEHT

> Braut: Iiih, schau dir die falschen Titten an.
>
> Bro: Völlig unnatürlich. Und total unsexy.
>
> Braut: Du hast ihr also auf die Titten gestarrt!

---

* Größer = besser.

> *Braut:* Iiih, schau dir die falschen Titten an.
>
> *Bro:* Bei wem?
>
> *Braut:* Du weißt schon, wen ich meine.
>
> *Bro:* Oh. Ja, stimmt, die sehen ziemlich unecht aus.
>
> *Braut:* Du hast ihr also auf die Titten gestarrt!

❌

> *Braut:* Iiih, schau dir die falschen Titten an.
>
> *Bro:* Glaubst du echt?
>
> *Braut:* *Dann heirate sie doch, wenn dir so was gefällt!*

❌

> *Braut:* Iiih, schau dir die falschen Titten an.
>
> *Bro:* Von so was verstehe ich nichts.
>
> *Braut:* Ach? Glaub mir, die sind falsch.

✓

ARTIKEL 37

*Ein Bro ist zu keiner Zeit
verpflichtet, jemandem eine
Tür aufzuhalten. Wenn Frauen
darauf bestehen, ihre eigene
Basketball-Profiliga haben zu
wollen, dann müssen sie sich auch
die Türen selbst aufmachen.
So schwer sind die ja schließlich
nicht.*

~ ARTIKEL 38 ~

Selbst in einem Kampf
auf Leben und Tod
schlägt ein Bro einem
anderen Bro niemals
in die Eier.

⌁ ARTIKEL 39 ⌁

Wenn ein Bro sich die Telefonnummer einer Braut gesichert hat, wartet er mindestens 96 Stunden, bevor er sie anruft.

**TIPPS FÜR
DIE BROXIS:
FRAGEN SIE ONKEL BARNEY!**

F: *Aber wenn eine Frau mir ihre Telefonnummer gibt, will sie denn dann nicht,
dass ich sie anrufe? Wieso muss ich so lange
warten?*

A: **Broflation** – ein widersinniger Anstieg der
Erwartungen, die ein weibliches Wesen an
einen Bro stellt. Wenn du einmal eine Frau
schon am nächsten Tag anrufst, dann wird sie
ihren Freundinnen erzählen, dass du schon am
nächsten Tag angerufen hast, und eh du dich
versiehst, erwarten alle Frauen, dass die Jungs
schon am nächsten Tag anrufen. Bevor du über-

haupt weißt, was passiert, haben sich überall auf der Welt Bros auf Beziehungen eingelassen, und alles nur, weil du keine lächerlichen 96 Stunden warten konntest.

F: *Gut, wenn die 96 Stunden vorbei sind, wann ist dann die beste Zeit für einen Anruf?*

A: Ruf irgendwann tagsüber an, dann stehen die Chancen gut, dass der Anrufbeantworter drangeht, was letzten Endes weniger Konversation bedeutet. Mit etwas Glück kannst du etwas organisieren, ohne dass du überhaupt mit ihr reden musst. Hinweis: Rufe nie nach 21 Uhr an – nach 21 Uhr verabredet man sich zum Sex und nur zum Sex. Näheres dazu in Artikel 92.

F: *Ich habe immer gehört, dass man drei Tage warten soll. Wieso sind es im Bro Code vier?*

A: Wenn du gehört hast, dass ein Bro drei Tage warten soll, bevor er anruft, dann kannst du sicher sein, dass die Frauen das auch gehört haben. Wenn du aber noch einen weiteren Tag wartest, gibst du einer Braut das Gefühl, dass sie etwas ganz Besonderes ist.

⌐ ARTIKEL 40 ⌐

Wenn ein Bro in die Verlobungsfalle tappt, müssen seine Bros sich zusammentun und versuchen, ihn zu heilen. Allgemein auch bekannt unter dem Begriff »Junggesellenparty«.

⌐ ARTIKEL 41 ⌐

Ein Bro weint niemals.

AUSNAHMEN: bei den Filmen *E.T.* oder *Feld der Träume* oder wenn eine Sportlerlegende die aktive Karriere beendet.[*]

[*] Gilt nur für die erste Beendung.

☞ ARTIKEL 42 ☜

Begrüßt ein Bro einen anderen Bro, so kann er sich dabei des High Five, des Faust-an-Faust-Grußes oder des brolischen Schulterschlags bedienen, jedoch niemals einer Umarmung.

AUSFÜHRUNG DES BROLISCHEN SCHULTERSCHLAGS

Erster Schritt:
Handschlag, händeumfassend.

Zweiter Schritt:
Oberkörper zueinanderneigen,
dabei ausreichenden
Sicherheitsabstand im
Intimbereich wahren.

Dritter Schritt:
Je ein leichter Schlag
auf den Rücken.

⮌ ARTIKEL 43 ⮌

Ein Bro liebt sein Heimatland,
es sei denn, sein Heimatland
ist nicht Amerika.

⌒ ARTIKEL 44 ⌒

Ein Bro reibt einen anderen Bro niemals mit Sonnencreme ein.

AUSNAHME: Bros befinden sich ganz in der Nähe des Äquators.

~ ARTIKEL 45 ~

Ein Bro geht niemals in Jeans in ein Striplokal.

WARUM EIN BRO NIEMALS IN JEANS IN EIN STRIPLOKAL GEHT

1. Die Taschen bei Tuchhosen sind größer und dehnbarer, sodass man ein dickeres Bündel Geldscheine einstecken kann.

2. Jeansstoff passt nicht zum Dekor des Clubs, das in der Regel von Leoparden-, Zebra- oder anderen Fellmustern geprägt ist.

3. Ein Wort, drei Silben, vier Stunden in der Notaufnahme: Reißverschluss.

4. Es ist eine Show, und Künstler verdienen Respekt. Diese erotischen Tänzerinnen haben unter beträchtlichen Mühen eine anspruchsvolle Choreografie einstudiert. Würdet ihr vielleicht in Latzhosen ins Ballett gehen?*

5. Tuchhosen lassen dem Pimmel einfach mehr Raum.

* Fangfrage! Bros gehen niemals ins Ballett.

ARTIKEL 46

Sollte ein Bro im Flugzeug neben einem Typen sitzen, der auf dem Mittelsitz eingezwängt ist, überlässt er ihm die gemeinsame Armlehne vollständig, es sei denn, der Typ hat (a) seine Schuhe ausgezogen, (b) schnarcht, (c) lässt den Bro mehr als einmal aufstehen, weil er zur Toilette muss, oder (d) lässt sich Kopfhörer geben, nachdem angekündigt wurde, dass der Bordfilm 27 Dresses ist.
Siehe Artikel 35.

ARTIKEL 47

Ein Bro trägt niemals Pink,
nicht einmal in Europa.

ARTIKEL 48

Ein Bro verrät niemals, wie viele Bräute er flachgelegt hat.

HINWEIS: Ein Bro verrät auch niemals, wie viele Bräute ein anderer Bro flachgelegt hat.

Wenn eine Braut einen Bro kennenlernt, dann gibt es drei Dinge, die sie wissen will:

1. Wie viel verdient er?
2. Ist er kleiner als sie?
3. Wie viele Bräute hat er flachgelegt?

Die beiden ersten Antworten wird sie im Laufe der Zeit herausfinden, ein Bro beantwortet aber niemals die dritte Frage. Wenn ein Bro sich allerdings gezwungen sieht zu antworten (etwa wenn ihm Sex verweigert wird, bis er eine Zahl genannt hat), kann er nach der folgenden Formel eine für die andere Seite akzeptable Anzahl berechnen:

WELCHE ZAHL KANN EIN BRO GEFAHRLOS NENNEN, WENN ER GEFRAGT WIRD, WIE VIELE BRÄUTE ER FLACHGELEGT HAT?

$$z = (a/10 + s)^0 + 5$$

z = Zahl der Bräute
a = Alter des Bros
s = Schlampenfaktor der Braut, die die Frage stellt
  (1 = Nonne, 10 = ehemalige Nonne)

☞ ARTIKEL 49 ☜

Auf die Frage »Kann ich Ihnen helfen?« antwortet ein Bro grundsätzlich: »Danke, ich schaff das schon«, ganz egal, ob er es schafft oder nicht.

AUSNAHMEN: Der Bro trägt ein teures Fernsehgerät, parkt ein teures Auto ein oder lädt ein teures Fernsehgerät in ein teures Auto.

⌒ ARTIKEL 50 ⌒

Berührt ein Bro beim Gehen versehentlich den Unterbau eines anderen Bros mit dem Arm, müssen beide Bros so tun, als wäre nichts geschehen.

ARTIKEL 51

Wenn ein Bro ein Blind Date hat, dann sieht sich ein anderer Bro das Mädel vorher genau an und macht Meldung mit einem Daumen-hoch- oder Daumen-runter-Zeichen.

Wenn es sich nicht einrichten lässt, dass ein Bro euer Blind Date vorher abcheckt, dann gibt es eine Möglichkeit, den Sexquotienten vorauszusagen: Lasst sie den Ort der Verabredung aussuchen.

WAS SAGEN DIE VERABREDUNGSORTE AUS?

SIE WÄHLT ...	SEXQUOTIENT	SIE IST ...
Disco	10	halb nackt, verschwitzt, bei dem Lärm der Musik nicht zu hören. 1a
Drinks an der Bar	7	ein tolles Mädchen – oder psychisch labil ... in beiden Fällen vielversprechend
teures Restaurant	3	langweilig. Wenn sie erwartet, dass jemand die Pfeffermühle für sie dreht oder ihr die Serviette neu faltet, ist sie wahrscheinlich auch im Bett nicht anders.
ein Treffen mit den Eltern	1	unberührbar. Aber vielleicht ist bei der Mutter was zu machen.
Minigolf	5	entschieden zu wettbewerbs- orientiert, oder sie ist eine Lesbe – und keine von den heißen Lesben.
die Kirche	0 or 10	auf der Suche nach einem Ehe- mann – oder nach einer anständigen Sünde vor der Beichte. Lass dich überraschen.

⌒ ARTIKEL 52 ⌒

Ein Bro ist nicht verpflichtet, sich den Geburtstag eines anderen Bros zu merken, obwohl es ihn auch nicht umbringen wird, gelegentlich einmal anzurufen.

ARTIKEL 53

Selbst in Dürrezeiten spült ein Bro
stets zweimal.

Ein Bro ist verpflichtet, mit seinen Bros am Vatertag und anderen Bro-Feiertagen auszugehen, darunter Halloween, Silvester und der Mauerblümchentag (13. Februar).

EIN WENIG BROESIE

Es war eine Braut aus Killarney,
Die versprach einem Herrn namens Arnie,
Dass nur ihm treu sie bliebe,
Doch das war eine Lüge,
Letzte Nacht, da rief sie: »Oh Barney!«

Ich liebte ein Mädel, Ottilie,
Die zeigte mir gleich die Familie.
Ja, die Braut, die war nett,
Doch die Mutter war fett,
Und so schenkt' ich ihr nur Petersilie.

⌒ ARTIKEL 55 ⌒

Selbst bei Unfällen, die einen Druckverband notwendig machen, borgt ein Bro sich niemals Kleidungsstücke von einem anderen Bro aus oder verleiht eigene Kleidungsstücke.

⚘ ARTIKEL 56 ⚘

Ein Bro ist verpflichtet, einen anderen Bro darauf hinzuweisen, wenn er merkt, dass die Bro-Braut-Quote auf einer Party unter 1 : 1 fällt. Um jedoch Broflation zu vermeiden, darf ein Bro nur jeweils einen anderen Bro darauf hinweisen. Außerdem darf ein Bro nicht über die Bro-Braut-Quote auf einer Party oder in einem Lokal spekulieren, ohne dass er zuvor seine Einschätzung der aktuellen Quote nennt.

BRO-BRAUT-QUOTE UND WAHRSCHEINLICHKEIT, ZUM ZUGE ZU KOMMEN

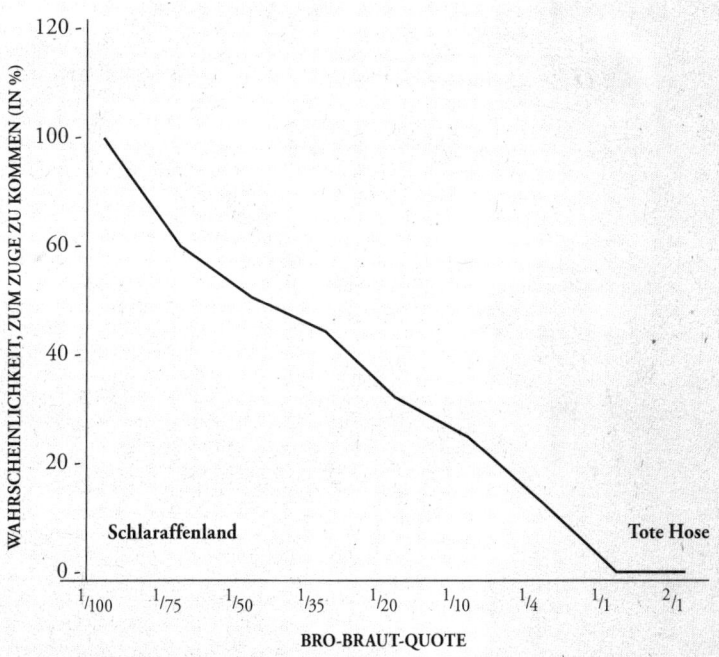

ARTIKEL 57

Ein Bro verrät einem anderen Bro niemals das Ergebnis eines Sportereignisses, es sei denn, der andere Bro hat dreimal bestätigt, dass er es wirklich wissen will.

☞ ARTIKEL 58 ☜

Ein Bro trägt keinen Schnurrbart.

AUSNAHME: Es ist vollkommen in Ordnung, wenn ein Bro beim Rasieren die Stoppeln um seinen Mund erst zum Schluss angeht, sodass er vorübergehend diverse Gesichtshaararrangements ausprobieren kann.

AUSNAHME: Tom Selleck.

ARTIKEL 59

Ein Bro zahlt stets die Kaution für einen anderen Bro, es sei denn, dieser sitzt in einem anderen Bundesstaat ein oder die Kaution ist unverschämt hoch.

WANN IST EINE KAUTION UNVERSCHÄMT HOCH?

Unverschämt hohe Kaution >
(Jahre, die ihr schon Bros seid) x 100 Dollar

ARTIKEL 60

Ein Bro soll Vater und Mutter ehren, denn einst waren auch sie Bro und Braut. Doch soll ein Bro niemals Bro und Braut in ihnen sehen.

ARTIKEL 61

Wenn ein Bro aus irgendeinem Grund auf einen Jahrestag in der Beziehung eines anderen Bros aufmerksam wird, dann muss er sich bemühen, diesem Bro die Information zu übermitteln, auch wenn er glaubt, dass der Bro vielleicht von sich aus daran denkt.

Frauen finden offenbar, dass es neben Karneval, der Auslosung der Gegner bei Fußballspielen und dem Tag, an dem die neue Badeanzugkollektion vorgestellt wird, noch andere Tage im Jahr gibt, die gefeiert werden sollten. Ich persönlich verstehe zwar nicht, warum das so ist, aber ich weiß, dass jemand, der sich mit einer Frau auf mehr als ein paar gelegentliche Spielchen im Heu einlässt (was ausdrücklich nicht zu empfehlen ist), sich an bestimmte Tage im Jahr einigermaßen präzise erinnern sollte.

TAGE, DIE FRAUEN WICHTIG FINDEN

ANLASS	DATUM	SIE ERINNERT DICH DARAN ...
Ihr Geburtstag	___ / ___ / ___	drei Wochen vorher vor dem Schaufenster eines Juweliergeschäfts
Jahrestag eures ersten Treffens	___ / ___ / ___	freudig am Tag selbst
Hochzeitstag	___ / ___ / ___	ärgerlich am nächsten Tag
Geburtstage der Kinder	___ / ___ / ___	vor dem Scheidungsrichter
Erste Folge der neuen Staffel von *Grey's Anatomy*	___ / ___ / ___	mitten in einem Endspiel

⌐ ARTIKEL 62 ⌐

Falls zwei Bros dasselbe Ziel anvisieren, hat der Bro Vorrang, er als Erster seine Ansprüche angemeldet hat. Wenn beide im selben Moment ihre Ansprüche anmelden, hat derjenige Vorrang, der am schnellsten laut bis zehn gezählt hat. Wenn beide zeitgleich bei zehn anlangen, hat der Bro Vorrang, welcher als Letzter die Drinks bezahlt hat. Wenn beide noch keine Drinks bezahlt haben, hat der Größere der beiden Vorrang. Wenn beide gleich groß sind, hat derjenige Bro Vorrang, der die längere Durststrecke hinter sich hat. Sollte die Durststrecke bei beiden gleich lang sein, muss ein diskret ausgeführtes Broschnick* bestimmen, wer Vorrang hat, vorausgesetzt, das Mädel ist bis dahin noch da.

* Schere, Stein, Papier für Bros.

≈ ARTIKEL 63 ≈

Ein Bro muss alles in seinen Kräften Stehende tun, um seinen Bro mit empfängnisverhütenden Mitteln zu versorgen.

Brophylaxe ist die tragende Säule – oder sagen wir die Latexhülle für die tragende Säule – des *way of life* eines Bro. Zwar ist ein Bro weder im rechtlichen noch im fiskalischen Sinne für etwaige Folgeschäden aufgrund von Nichtversorgung mit Verhütungsmitteln verantwortlich zu machen, doch ist es nicht ungewöhnlich, dass ein Bro an schweren Schuldgefühlen leidet, wenn sich ein Mitbro etwas zuzieht, das ihm ein Leben lang zusetzen kann – gerade im Falle einer Vaterschaft.

Sollte der Fall eintreten, dass ein Bro ohne die erforderlichen verhütenden Hilfsmittel dasteht, mit denen sich ein Koitus sicher vollziehen lässt, so darf er mit vollem Recht von einem anderen Bro erwarten, dass dieser sämtliche ihm zur Verfügung stehenden oder auch nicht zur Verfügung stehenden Mittel einsetzt, um besagte Brophylaxe schleunigst und dabei diskret zu besorgen. Wenn ein Bro mit einem vorher verabredeten Zeichen (Codewörter und/oder Körpersprache) einen Versorgungsnotstand signalisiert, so gilt als abgemacht, dass der andere Bro alle gerade ausgeübten Tätigkeiten unterbricht (ausgenommen der Geschlechtsakt selbst; diesen verpflichtet sich der Bro jedoch in diesem Falle so schnell wie möglich zum Abschluss zu bringen), um dem Bro in Not mit einer möglichst großen Bandbreite an Verhütungsmitteln zu Hilfe zu eilen. Ein Bro muss bei dieser Hilfsaktion für seinen Bro das schnellstmögliche Transportmittel wählen. Unter keinen Umständen darf ein Fahrrad* verwendet werden, da dies nicht nur dazu führt, dass die fragliche Bro sich lächerlich macht, sondern es kann auch zu Verletzungen des Perineums kommen – eines Körperbereichs, der in gefährlicher Nähe zu den Geschlechtsorganen liegt. Für den Fall, dass lokales, nationales, internationales oder galaktisches Gesetz gebrochen wird, sei es durch Geschwindigkeitsübertretung oder durch die rechtswidrige Aneignung von Lufttransportmitteln, gilt als abgemacht, dass der zu versorgende Bro für sämtliche eventuell anfallenden Geldstrafen oder Anwaltskosten aufkommt. Kosten oder Schäden, die von der Benutzung öffentlicher Transportmittel herrühren, sollen hingegen vom nothelfenden Bro allein getragen werden, denn hier handelt es sich um einen eindeutigen Fall von **Quid pro Bro**. Bei Ankunft an dem Ort, an welchem der notleidende Bro sich befindet, soll der helfende Bro mit äußerster Diskretion vorgehen, um nicht den Flow des betreffenden Bros zu stören, die **Brora**. Ist der notleidende Bro erst einmal mit dem oder den erforderlichen Verhütungsmittel(n) versorgt, gilt die **Brozedur** mit dem (in diesem Falle lautlosen) Austausch des traditionellen High Five als abgeschlossen. Stillschweigend wird mit diesem Ritual die Tatsache besiegelt, dass die Episode nie mehr erwähnt werden wird, es sei denn rückblickend als richtig gute Geschichte.

---

* Es sei denn, ein Fahrrad ist das einzige zur Verfügung stehende Transportmittel, zum Beispiel in Gegenden wie Südostasien, Arkansas oder dergleichen.

*Ein Bro muss seinem Bro
eine Eintrittskarte zu einem
Sportereignis besorgen, wenn es
sich bei diesem Ereignis um ein
Endspiel handelt, an dem die
Lieblingsmannschaft besagten Bros
beteiligt ist.*

⌐ ARTIKEL 65 ⌐

Wird unter Bros eine Runde Drinks ausgegeben, so muss sich ein Bro mit einer weiteren Runde revanchieren.

AUSNAHME: Ein Bro ist von dieser Regel befreit, wenn der andere Bro einen Drink bestellt, der mit einem Schirmchen serviert wird.

☞ ARTIKEL 66 ☜

Hat ein Bro die dauerhafte Trennung von einer Partnerin zu verdauen, dürfen seine Bros dies mit keiner Bemerkung oder Geste kommentieren, die über »Scheiße, Mann« sowie großzügig geordertes Bier hinausgeht. Um die Gefahr möglicher Peinlichkeiten in der Zukunft zu vermeiden, muss ein Bro sich drei Monate lang jeglicher abfälliger Äußerungen – ob gerechtfertigt oder nicht – über besagte Partnerin enthalten, bis die Periode des Rückfallrisikos sicher überstanden ist.

⌒ ARTIKEL 67 ⌒

Sollte ein Bro auf einer Party zur Gitarre greifen und die ersten Akkorde spielen, dann muss sein Bro ihn darauf hinweisen, dass er im Begriff ist, sich lächerlich zu machen.

Wenn ein Bro eine Glückssträhne hat, muss ein anderer Bro alles tun, um deren Anhalten zu sichern, selbst wenn dies seine eigenen Chancen verschlechtert, ihn von der Arbeit abhält oder wenn er dafür notfalls sogar das Schreckensszenario heraufbeschwören muss, dass das Ende der Welt naht.

AUSNAHME: **Durststrecke** sticht Glückssträhne.

ARTIKEL 69

Aber ja.

ARTIKEL 70

Ein Bro bringt einen anderen Bro zum Flughafen oder holt ihn dort ab, macht jedoch niemals beides bei einer Reise. Es wird nicht erwartet, dass er pünktlich kommt, beim Gepäck behilflich ist oder sich nach der Reise oder dem Allgemeinbefinden seines Bros erkundigt.

⤔ ARTIKEL 71 ⤕

Aus Rücksichtnahme auf all die Bros dieser Welt bringt ein Bro zu einer Party niemals mehr als zwei weitere Bros mit.

DREI BROS SIND COOL	**VIER BROS SIND BLÖD**
Die drei Amigos	Mount Rushmore
Die drei Musketiere	Die Fantastischen Vier (Realverfilmung)
The Police	The Monkees
Apollo-13-Mannschaft	Olympischer Viererbob
Die drei Stooges	Michael Jordan und drei Mitspieler
(*Ausnahme*: Hanson)	(*Ausnahme*: Die Beatles)

EIN WENIG BROESIE

Ein einzelner Bro trifft allein auf die Leute,
Ein zweiter verhilft dem ersten zum Ziel,
Ein dritter Bro macht aus zweien die Meute,
Doch ein vierter Bro, der ist wirklich zu viel.

ARTIKEL 72

Ein Bro benutzt niemals die Rechtschreibprüfung.

ARTIKEL 73

*Wenn mehrere Bros gemeinsam
ein Restaurant besuchen, muss sich
jeder von ihnen entsprechend dem
altehrwürdigen Ritual verhalten
und sich scheinbar darum reißen,
die Rechnung zu bezahlen,
unabhängig davon, ob er es sich
leisten kann oder nicht. Wenn die
Gruppe dann letztlich beschließt,
den Betrag zu teilen, muss der Bro
ärgerlich wirken und auf keinen Fall
extrem erleichtert.*

☞ ARTIKEL 74 ☜

*An einer Ampel fährt ein Bro
so dicht wie nur möglich an den
Vordermann heran und drückt
dann sofort auf die Hupe, wenn die
Ampel auf Grün springt. So hat ein
anderer Bro, der eventuell mehrere
Wagen weiter hinten steht, eine
bessere Chance, noch in derselben
Ampelphase über die Kreuzung zu
kommen.*

ARTIKEL 75

Ein Bro bessert automatisch die Berufsbeschreibung eines anderen Bros auf, wenn er ihn einer Braut vorstellt.

Frauen nehmen es mit der Wahrheit nicht immer so genau, wenn es um Alter, Männergeschichten oder manchmal sogar – man beachte die hilfreiche Unterstützung durch Make-up oder formende Unterwäsche – um ihr Aussehen geht. Im Gegenzug ist es daher nur fair, wenn ein Bro bei den Angaben zu seiner Brofession ein wenig übertreibt. Außerdem ist das taktisch klug, denn die Position eines Bros ist für eine Braut etwa das, was die Brüste der Braut für den Bro sind.

WIE SIEHT DER JOB AUS, DEN EINE FRAU TOLL FINDET?

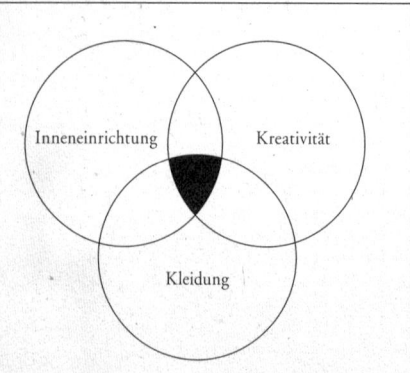

WEIBLICHE INTERESSEN — Inneneinrichtung, Kreativität, Kleidung

DER JOB — »Ich habe den begehbaren Schrank erfunden.«

WEIBLICHE INTERESSEN	DER JOB

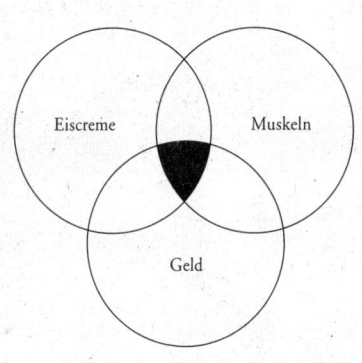

»Meine Eisdielen lassen mir immer noch genug Zeit für das Krafttraining.«

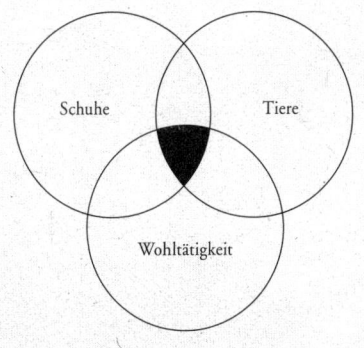

»Ich entwerfe Schuhe für zuckerkranke Katzen.«

☞ ARTIKEL 76 ☜

Wenn ein Bro in Gegenwart anderer Bros mit einer Braut telefoniert und aus unerfindlichen Gründen »Ich liebe dich« sagen möchte, dann muss er vorher das Zimmer verlassen oder den Satz mit einer nahezu unhörbaren Barry-White-Stimme hauchen.

⌒ ARTIKEL 77 ⌒

Bros nehmen sich niemals in den Arm.

~~AUSNAHME:~~ um in einer Notlage nicht auszukühlen.

⌐ ARTIKEL 78 ⌐

Ein Bro bootet seinen Wingman niemals aus.[*]

Um den Bund der ewigen Treue zwischen einem Bro und seinem Wingman zu bekräftigen und ins Gedächtnis zu rufen, sollten sich beide, bevor sie ausgehen, voreinander aufstellen, die linke Hand auf den Bro Code legen, die rechte heben und den Wingman-Schwur sprechen.

[*] Das heißt, er spannt ihm niemals die Braut aus. Niemals!

DER WINGMAN-SCHWUR

Ich befolge den Bro Code, so gut es geht.

Ich werde nicht zulassen, dass mein Wingman mit einer Braut
nach Hause geht, die geringer als sechs einzustufen ist.

Ich übernehme abwechselnd mit meinem Wingman die Runden, auch
wenn ich dabei der bin, der immer für die harten Sachen zahlt.

Ich werde meinen Wingman niemals ausbooten,
ganz egal, wie heiß die Braut ist.

Ich schwöre, dass ich meinen Wingman immer mitnehme,
wenn ich zu einer Party eingeladen werde.

Wenn mein Wingman eine heiße Braut kennenlernt, die eine hässliche
Freundin hat, dann werde ich **in den sauren Apfel beißen**.

Wenn mein Wingman von einer Braut eine Abfuhr erhält, werde ich
umgehend beteuern, dass sie ohnehin ein blödes Huhn war, auch wenn
ich sie eigentlich durchaus interessant fand.

Sollte mein Wingman ein Gespräch mit einem Mädel beginnen, das noch
unter 16 sein könnte, werde ich Erkundigungen nach dessen Alter
einziehen.

Sollte ich erfahren, dass die Braut, auf die mein Wingman ein Auge
geworfen hat, einen festen Partner hat, mache ich ihn darauf aufmerksam,
es sei denn, es ist einigermaßen sicher, dass der Freund/Ehemann nicht
zugegen ist.

Ich respektiere alle Regeln, die vorschreiben, wer Vorrang hat.

⌐ ARTIKEL 79 ⌐

Bei einer Hochzeit darf ein Bro nur widerwillig zu den anderen Junggesellen schleichen, wenn das Strumpfband der Braut geworfen wird, und nur um der anwesenden Mädels willen Interesse heucheln. Derjenige Bro, der das Band schließlich fängt, muss ganz lässig so tun, als wäre er nicht entsetzt bei dem Gedanken, dass es ihn als Nächsten erwischen könnte. Dann darf er zur Bar stürzen und sich einen kräftigen Drink genehmigen.*

HINWEIS: Sollte die Frau, mit der ein Bro gekommen ist, den Brautstrauß fangen, muss der Bro so tun, als wäre er begeistert (wenn er jemals wieder mit ihr in die Kiste will); danach darf er zur Bar stürzen und sich gemeinsam mit dem Strumpfbandopfer einen kräftigen Drink genehmigen.

* Nur wenn die Getränke auf das Brautpaar gehen.

~ ARTIKEL 80 ~

Sollte es zu einem flotten Dreier*
kommen, muss ein Bro alles in seinen
Kräften Stehende tun, um seinem
Bro zu assistieren, darf jedoch keinen
aktiven Part übernehmen.

REGELN FÜR EINEN FLOTTEN DREIER

1. Das Gesamtalter der drei Beteiligten darf nicht höher als 83 Jahre sein.

2. Das Gesamtgewicht der drei Beteiligten darf nicht mehr als 400 Pfund/181,44 Kilogramm betragen.

3. Für die gewährten Dienstleistungen dürfen kein Geld oder geldwerte Geschenke übergeben werden.

4. Schwangere sollten vor der Teilnahme ihren Arzt konsultieren.

5. Alle Beteiligten müssen im Familienstammbaum mindestens drei Äste voneinander entfernt sein.

6. Keine Turnschuhe mit schwarzen Sohlen.

7. Weibliche Teilnehmer dürfen die Illusion nicht zerstören, dass sie so etwas zum ersten Mal machen.

8. Es ist strikt untersagt, Küchengeräte oder andere elektrische Hilfsmittel zu verwenden.

9. Vor dem Dreier müssen die Teilnehmer duschen, hinterher sowieso.

---

* Eine nette Beschäftigung zu dritt.

⇜ ARTIKEL 81 ⇝

Ein Bro lässt die Klobrille für seine Bros hochgeklappt.

~ ARTIKEL 82 ~

Wenn zwei Bros in eine hitzige Diskussion über etwas geraten und einer verbal entgleist, dann darf der andere nicht erwarten, dass dieser es zurücknimmt oder sich entschuldigt. So etwas ist unmenschlich.

ARTIKEL 83

Ein Bro muss sich stets an die goldene Regel halten: »Liebe« niemals, niemals, niemals deinen Nächsten. Auf keinen Fall darf ein Bro sich auf amouröse Abenteuer mit einer Arbeitskollegin einlassen.

AUSNAHMEN

- Die Kollegin ist eine Acht oder höher.

- Die Kollegin ist eine Untergebene.

- Die Kollegin zieht sich ein wenig aufreizend an.

- Bei dem Job wäre es gar nicht so schlecht, gefeuert zu werden.

- Die Firma hat gerade erst ein Verfahren wegen sexueller Belästigung hinter sich – wird so schnell nicht wieder vorkommen.

- Irgendjemand wettet mit euch, dass ihr die nie rumkriegt.

- Ihr wechselt sowieso demnächst in eine andere Abteilung.

- Ihr bleibt mit der Kollegin im Aufzug stecken.

- Ihr drückt aus Versehen auf den Notfallknopf und bleibt im Aufzug stecken.

- Die Kollegin wird ohnehin bald entlassen – oder wird dann entlassen, wenn ihr die Akte frisiert habt.

- Ihr kanntet die Kollegin schon, bevor ihr Kollegen wurdet.

- Die Kollegin fliegt auf euch.

- Euer Leben ist in Liebesdingen ein wenig festgefahren.

- Die Kollegin macht gerade eine Scheidung durch.

- Die Kollegin sieht in letzter Zeit ziemlich gut aus.

- Die Kollegin ist kein bisschen schockiert, als ihr »aus Versehen« scharfe Fotos von euch an die Mailadresse des Büros schickt.

⌒ ARTIKEL 84 ⌒

Ein Bro unterbricht alles, was er gerade tut, um sich Stirb langsam *im Fernsehen anzusehen.*

HINWEIS: Gilt auch für *Die Verurteilten*.

HINWEIS: Außerdem für *Top Gun*, *The Big Lebowski* und die erste Hälfte von *Full Metal Jacket*.

HINWEIS: Und für Pornos – klar.

☞ ARTIKEL 85 ☜

Kauft ein Bro sich ein neues Auto, muss er unbedingt die Motorhaube öffnen, wenn er es seinen Bros vorführt.

HINWEIS: Seine Bros stoßen daraufhin anerkennende Pfiffe aus, auch wenn sie keine Ahnung von dem haben, was sie da sehen.

Wenn ein Bro eine Braut kennenlernt, sollte er zunächst einmal herausfinden, wo sie auf der Heiß/Irre-Skala einzuordnen ist, bevor er sich weiter um sie bemüht.

Die Evolutionstheorie besagt, dass Männer vom Affen abstammen ... aber wie ist das mit Frauen? Während die Männer weniger haarig wurden, aufrechter im Gang, nicht mehr ganz so interessiert daran, andere mit ihrem eigenen Kot zu bewerfen, wurden die Frauen zwar immer attraktiver, aber anscheinend auch immer verrückter.

Die Mädels von heute balancieren gern auf dem schmalen Grat zwischen heiß und irre: Je heißer sie sind, desto irrer sind sie auch; je irrer sie sind, desto heißer kommen sie uns vor. All das ist verwirrend für einen Bro und oft nicht ungefährlich. Woher soll ein Bro etwa wissen, ob eine Braut eine von der »Komm, wir gehen mal eben ins Bad«-Sorte ist und keine von denen, die Klebstoff schnüffeln oder seinen ehemaligen Freundinnen nachstellen?

Glücklicherweise habe ich einen Test ersonnen, der es jedem Bro ermöglicht, binnen kürzester Zeit herauszufinden, wo eine Braut auf der Heiß/Irre-Skala einzuordnen ist. Kreuzt in den entsprechenden Spalten einfach Ja oder Nein an, zählt die Ja-Antworten zusammen, und tragt dann das Ergebnis in die Heiß/Irre-Skala ein. Im Idealfall liegt das Resultat genau auf der Linie, liegt es aber im oberen Bereich, dann nichts wie weg.

HEISS VERSUS IRRE

HEISS	JA	NEIN	IRRE	JA	NEIN
Singt laut bei Liedern von Police mit.			Singt laut, wenn sie eine Polizeisirene hört.		
Kann aus jedem Team der Fußballliga einen Spieler nennen.			Hat schon aus jedem Team der Fußballliga einen Spieler vernascht.		
Hat manches von Daddy geerbt.			Hat manches von Daddy geerbt.		
Spielt mit den Locken auf ihrem Kopf.			Rasiert sich die Locken auf ihrem Kopf ab.		
So wild wie der Urwald.			Ihre Wohnung ist ein Urwald.		
Kneift euch ins Bein, wenn sie mit euch redet.			Kneift euch in die Backe, wenn sie mit euch redet.		
Trägt ein handtuchkleines Kleid.			Trägt ein Handtuch.		
Gibt euch einen sanften Gutenachtkuss.			Gibt euch einen sanften Klaps auf den Hinterkopf.		
Klimpert verführerisch mit den Wimpern, wenn sie euch sieht.			Zuckt mit keiner Wimper, wenn sie euch sieht.		
HEISS-Koordinate			IRRE-Koordinate		

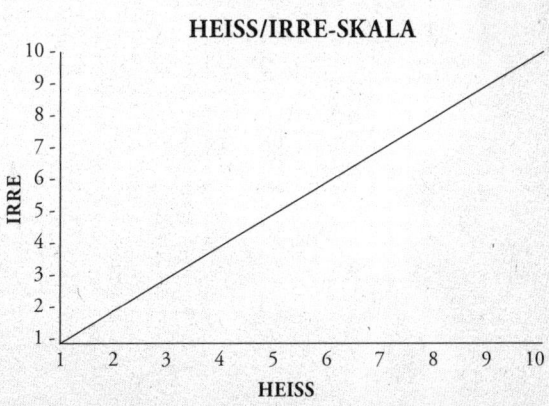

HEISS/IRRE-SKALA

⌐ ARTIKEL 87 ⌐

Ein Bro zweifelt nie an den Angaben, die ein anderer Bro über seine Erfolge beim Golfen, die Schwere der gehobenen Gewichte oder die Körpergröße macht. Allerdings kann er von dem betreffenden Bro einen Beweis fordern, traditionellerweise in Form einer Wette.

ARTIKEL 88

Wenn ein Bro aus irgendeinem Grund den Wagen eines anderen Bros fahren muss, darf er keinesfalls die einprogrammierten Radiosender, die Position der Spiegel oder des Sitzes verstellen, auch nicht, wenn dies dazu führt, dass der Bro in einer Haltung fahren muss, die eine große Gottesanbeterin am Steuer einnehmen würde.

Ein Bro sagt stets Ja, um einen anderen Bro zu unterstützen.

Wenn ihr mit anderen unterwegs seid, müsst ihr bereit sein, alles zu bestätigen, was ein Bro einer Braut erzählt. »Ja, er ist ein Single.« »Ja, wir gehören zur Spezialeinheit Navy Seals.« »Ja, er hat Facebook erfunden.« Während dies meist dazu führt, dass in puncto Wohlstand, sportliche Leistungen oder die Fähigkeit, hoch komplizierte Fluggeräte zu steuern, übertrieben wird, reicht es manchmal schon aus, so zu tun, als käme man aus einer anderen Stadt. Wenn ihr es über euch bringt, euch wie euer Dad anzuziehen, und dann so tut, als ob ihr ein Auswärtiger wärt, kann das durchaus ein erfolgreicher Weg sein, um Mädels aufzureißen ... vorausgesetzt, ihr habt eine glaubwürdige Geschichte in petto.

WIE MAN WIE EIN AUSWÄRTIGER KLINGT

Hey, ich bin _____ _____. Ich komme aus _____ _____,
(echter Vorname) (Raubvogel) (Himmelsrichtung) (biblischer Ort),

_____. Heilige/r ____! Ja, das war eine
(Bundesstaat aus dem Mittelwesten oder mit geometrischen Grenzen) (Waldtier)

großartige Kindheit da. Um _____ ging man die Hauptstraße runter,
(Uhrzeit)

schaute bei _____ vorbei und aß ein/e selbst gemachte/s
(Vorname mit drei Buchstaben)

_____, na, da kommen mir glatt die Tränen, wenn ich daran
(Dessert für Diabetiker)

denke, und mein Magen knurrt, das kannst du glauben. Von Zeit zu Zeit

schaue ich bei der alten Mrs. _____ vorbei, der treuen Seele, mit ihren
(Baumspezies)

preisgekrönten _____ _____. Mein Schatz aus der Highschool,
(Farbe) (Gemüse, Plural)

_____, und ich, wir haben immer oben am _____ _____ Point
(Blumenname) (gefährliches Tier) (Wasserlauf)

rumgeknutscht. Wir wollten heiraten, aber das Schicksal hatte andere

Pläne mit ihr, mit einem _____ ist sie an der _____-
(amerikanische Automarke) (amerikanischer Präsident)

Kurve ins Schleudern geraten. Nachdem der Herrgott sie zu sich

genommen hatte, verlegte ich mich auf das Schnitzen von _____, um
(Möbelstücke)

den Schmerz zu verarbeiten, aber ehrlich gesagt, Frauen trifft man nicht

viele bei so einer Arbeit und schon gar keine, die so hübsch sind wie du.

Ja, du meine Güte, du bist hübscher als ein _____ an einem _____tag, wie
(Nutztier) (Jahreszeit)

er/sie/es im Licht des/der _____ funkelte.
(Himmelskörper)

☞ ARTIKEL 90 ☜

Ein Bro nimmt zur Party eines anderen Bros mindestens eine Einheit mehr Alkohol mit, als er zu trinken gedenkt. Wenn ein Bro also vorhat, sich ein Sechserpack hinter die Binde zu gießen, muss er mindestens ein Sechserpack und eine weitere Dose Bier dabeihaben. Wenn die Party langweilig ist und/oder zu viele Typen da sind, hat ein Bro das Recht, seinen Alkohol wieder mitzunehmen, wenn er geht. Die Etikette gebietet allerdings, dass er wartet, bis niemand es sieht.

☞ ARTIKEL 91 ☜

Wenn eine Gruppe von Bros mutmaßt, dass ein Bro im Begriff ist, sich einen Spitznamen zuzulegen, müssen alle sich auf einen ähnlich klingenden, aber noch lächerlicheren Spitznamen verständigen und diesen ständig verwenden.

⌐ ARTIKEL 92 ⌐

Die Bekanntschaften, die ein Bro für zwanglosen Sex nutzt, hält er stets auf sichere Entfernung.

Um die Reinheit einer schönen, unpersönlichen und flüchtigen Beziehung zu erhalten, entwickelt ein Bro zu einer bloßen Sexpartnerin keine emotionale Bindung.

WIE EINE REINE SEXPARTNERIN EINE REINE
SEXPARTNERIN BLEIBT

NIEMALS ...	WARUM?
etwas für sie bezahlen – nicht einmal einen Drink.	Geschenke bedeuten Interesse und planvolles Vorgehen – eine reine Sexpartnerin sollte nie das Gefühl bekommen, dass mehr dahintersteckt.
eine Sexpartnerin als Sexpartnerin bezeichnen.	Manche Menschen – insbesondere Frauen – glauben gern, dass es bei Sex um mehr als Sex geht.
nach dem Sex noch bleiben.	Es geht hier um Sex und um nichts anderes. Wenn der Akt vollzogen ist, ist alles Weitere überflüssig, abwegig und peinlich.
noch ein zweites Mal anrufen, wenn die Partnerin an einem Abend nicht ans Telefon geht.	Zwei Anrufe lassen an einen Notfall denken: etwa dass man eine Geschlechtskrankheit bei euch festgestellt hat oder dass ihr mit ihr ausgehen wollt.
mehr als zweimal im Monat anrufen.	In manchen Ländern gilt so etwas schon als Ehe.
schon vor Mitternacht an sie denken.	Müßige Gedanken können zu einer Beziehung führen.
darauf einlassen, sich an einem anderen Abend zu treffen als an dem, an dem ihr telefoniert	Das nennt man eine Verabredung.

ARTIKEL 93

Bros sprechen nicht Französisch miteinander.

ARTIKEL 94

Wenn ein Bro auf der Toilette sitzt und ihm das Klopapier ausgeht, darf ein anderer Bro ihm eine Rolle zukommen lassen, dabei dürfen sich ihre Hände aber keinesfalls berühren oder die Tür um mehr als 30 Grad geöffnet werden.

⌢ ARTIKEL 95 ⌢

Ein Bro muss einen anderen Bro auf eine großbusige Frau aufmerksam machen, auch wenn er den Bro überhaupt nicht kennt. Solche Hinweise dürfen nicht verbal erfolgen.

WIE MAN AUF TITTEN AUFMERKSAM MACHT

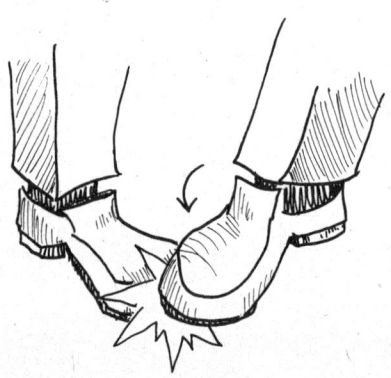

TRITT AUF DIE ZEHEN – sollte nicht auf öffentlichen Toiletten angewendet werden

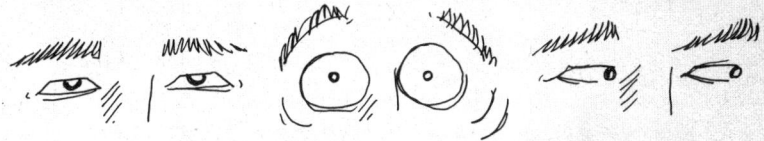

RICHTUNGSANGABE PER AUGE

SCHIENBEINTRITT – bitte nur von Körbchengröße D aufwärts

⌐ ARTIKEL 96 ⌐

Bros sollten einmal im Jahr gemeinsam zelten oder wenigstens versuchen, ein Feuer zu machen.

ANMERKUNG: Feuer sollte *im Freien* gemacht werden.

~ ARTIKEL 97 ~

Lässt ein Bro durchblicken, auf welches College er gegangen ist, so wird das einen Bro, der auf ein weniger angesehenes College gegangen ist, das ganze Wochenende über wurmen.

⌒ ARTIKEL 98 ⌒

Ein Bro macht gegenüber seinen Bros niemals falsche Angaben über die Attraktivität von Bräuten bei einem bestimmten Ereignis oder an einem bestimmten Ort.

DER BRO, DER
»HEISSE BRÄUTE« RIEF

Es war einmal ein Bro, der sandte seinen Bros gern die SMS: »Heute Abend heiße Bräute in der Bar.« Wenn die Bros dann eintrafen, um ihm als Wingmen zur Seite zu stehen, waren überhaupt keine heißen Bräute da, nur ein paar Typen oder so was, und er amüsierte sich königlich. Der Bro fand das zum Schreien komisch – und irgendwie war es das ja auch –, bis er eines Abends in die Bar kam und feststellte, dass dort gerade Aufnahmen für einen Bikinikalender gemacht wurden. Aufgeregt schickte er folgende SMS: »Jungs, brauche dringend Wingman ... Bikini-Fotoshooting am Laufen.« Doch diesmal schenkten die Bros seinem Ruf keine Beachtung und ließen sich nicht von dem Videospiel-Marathon weglocken – keiner stand ihm bei. Der Bro versuchte es daher ganz allein bei einem der Bikinimädchen, doch da ihm der Wingman fehlte, wurde er von der Meute in Stücke gerissen.

Keiner glaubt einem Bro, der einmal beim Thema heiße Bräute gelogen hat, auch dann nicht, wenn er die Wahrheit spricht.

☞ ARTIKEL 99 ☜

Wenn ein Bro sich verirrt hat, fragt er auf keinen Fall nach dem Weg.

AUSNAHME: Ein Bro kann eine heiße Braut fragen, die sich in der Gegend auszukennen scheint.

AUSNAHME: Ein Bro kann eine heiße Braut fragen, auch wenn sie offenbar selbst nicht weiß, wo sie ist.

AUSNAHME: Ein Bro kann eine heiße Braut fragen, auch wenn er sich überhaupt nicht verirrt hat.

⌐ ARTIKEL 100 ⌐

Wenn ein Bro an einer roten Ampel halten muss, kurbelt er das Fenster herunter, damit alle anderen sich an seinem exzellenten Musikgeschmack erfreuen können.

HINWEIS: Sitzt am Steuer des Wagens neben ihm eine heiße Braut, so schiebt der Bro seine Sonnenbrille herunter, damit er die Braut besser sehen kann. Sollte er zu dem Zeitpunkt keine Sonnenbrille tragen, so setzt er sie zuerst auf und schiebt sie dann herunter, damit er die Braut besser sehen kann.

⌐ ARTIKEL 101 ⌐

Bittet ein Bro einen anderen Bro, ein Geheimnis für sich zu behalten, dann nimmt dieser das Geheimnis mit ins Grab. *Das ist der Unterschied zwischen einem Bro und einer Braut.*

ANMERKUNG: Das Einzige, was die Klatschsucht einer Frau noch übersteigt, ist ihr Wunsch nach Kindern und Accessoires. So gesehen, sollte ein Bro Vorsicht walten lassen, wenn er ein Geheimnis einem Bro anvertraut, der verheiratet ist.

---

* Und bewahrt es auch darüber hinaus, wenn sich herausstellen sollte, dass es tatsächlich ein Leben nach dem Tod gibt.

☞ ARTIKEL 102 ☜

Ein Bro muss seinen Wingman sorgfältig auswählen und trainieren.

BEWERBUNGSFORMULAR FÜR DEN POSTEN EINES WINGMAN

Name: _____

Deckname: _____
      (z. B. Jack Perfect, die Klette)

Besondere Fähigkeiten: _____
      (z. B. Powerpoint, Spanisch, Masseur)

Schätzen Sie auf der folgenden Skala Ihre eigene Attraktivität ein.

1——2——3——4——5——6——7——8——9——Barney Stinson

Multiple Choice

1. Sie sind Session-Drummer bei Van Halen. Wer ist nicht Ihr Leadsänger?

   a. David Lee Roth
   b. Gary Cherone
   c. Sammy Hagar
   d. Barney Stinson

2. Normalerweise mögen Frauen keine Scherze über ihr/ihre:

   a. Gesicht
   b. Schuhe
   c. Intelligenz
   d. Sonstiges

Kurze Antwort

Sie sind Figur A. Figur B ist Ihr Wingman. Erläutern Sie, welche Strategie Sie anwenden würden und warum.

_____

_____

_____

Aufsatz

Beschreiben Sie auf der Rückseite dieses Formulars einen Menschen, der Sie tief beeindruckt hat.

_____

⌒ ARTIKEL 103 ⌒

Ein Bro trägt niemals Socken zu Sandalen. Er entscheidet sich einmal für einen bestimmten Schuhstil und bleibt ihm dann treu.

✑ ARTIKEL 104 ✑

Die Mutter eines Bros ist immer tabu. Die Stiefmutter hingegen ist durchaus im Rennen, sofern sie den ersten Schritt tut und/oder mindestens ein Kleidungsstück mit Leopardenmuster trägt, vorausgesetzt, sie sieht gut darin aus – allerdings nicht, wenn sie Mentholzigaretten raucht.

Es soll hier ein für alle Mal klargestellt werden, dass ein Bro sich unter keinen Umständen auf intime Beziehungen mit der Mutter eines anderen Bros einlässt. Hingegen ist es gestattet und sogar empfohlen, dass ein Bro mit Gesten und Zeichen einem anderen Bro die athletischen Höchstleistungen, Unzüchtigkeiten und/oder technischen Gerätschaften beschreibt, zu denen es bei einer fiktiven Begegnung mit dessen Mom kommen könnte bzw. die bei einer solchen Begegnung zum Einsatz kommen könnten. (Nota bene: Es ist üblich, dass ein Bro solche **Brolbereien** unterlässt, wenn die Mom des anderen Bros eine Neun oder höher ist, damit nicht der Eindruck von ödipalen Anspielungen entsteht.) Sollte ein Bro erfahren, dass sein Bro Adoptivkind ist, dann kann er sich guten Gewissens an die Adoptivmutter heranmachen, jedoch erst, nachdem er die leibliche Verwandtschaft durch beglaubigte Geburtsurkunden, Krankenhausakten oder DNA-Analyse (je nachdem, was am einfachsten zu bewerkstelligen ist) ausgeschlossen hat.

ARTIKEL 105

Wenn ein Bro nicht zur Hochzeit eines anderen Bros eingeladen wird, macht er daraus keine große Sache, selbst wenn er ja eigentlich derjenige war, der die beiden zusammengebracht hat, und sich bereits das perfekte Hochzeitsgeschenk überlegt hat und alles ... Ist schon in Ordnung. Kein Problem.

*Wenn ein Bro Bier für seine Bros
bestellt, wählt er immer die größte
verfügbare Einheit, sonst muss
er sich den ganzen Abend ihre
Lästereien anhören.*

⁓ ARTIKEL 107 ⁓

Ein Bro erwidert immer den Gruß eines anderen Bros.

Ganz abgesehen davon, dass es nicht gesund sein kann, wenn jemand längere Zeit seinen Arm in die Höhe hält, können für einen Bro, der die Hand zum High Five hebt und dessen Gruß unbeachtet bleibt, die psychischen Folgen beträchtlich sein. Solltet ihr jemals einen Bro sehen, der die Flosse in die Höhe reckt und sich verzweifelt in alle Richtungen umsieht, dann tut ihm die **Brohltat** und schlagt ein.

BEKANNTE BROGRÜSSE

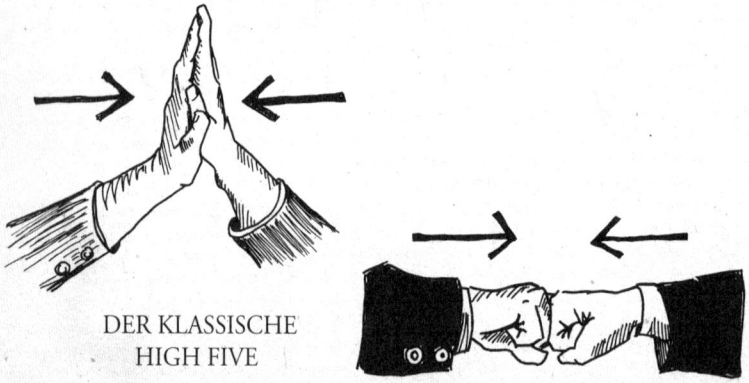

DER KLASSISCHE
HIGH FIVE

DER FAUST-AN-FAUST-GRUSS

DER FAUST-AN-FAUST-GRUSS MIT KNALL

DER MANN VON WELT

DER SELF FIVE

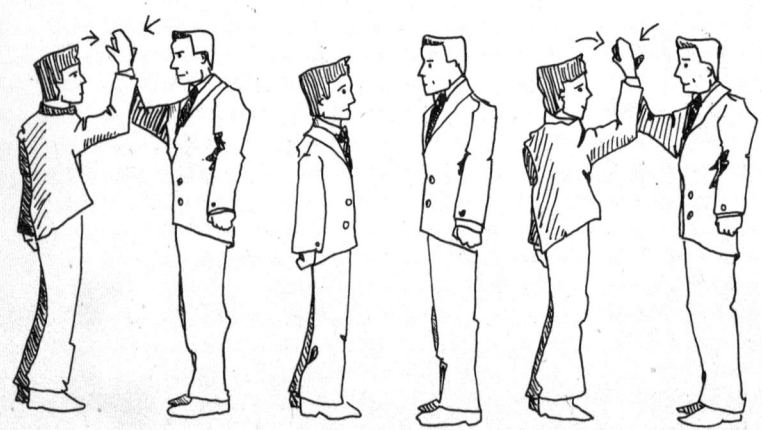

DER DOPPEL-FIVE

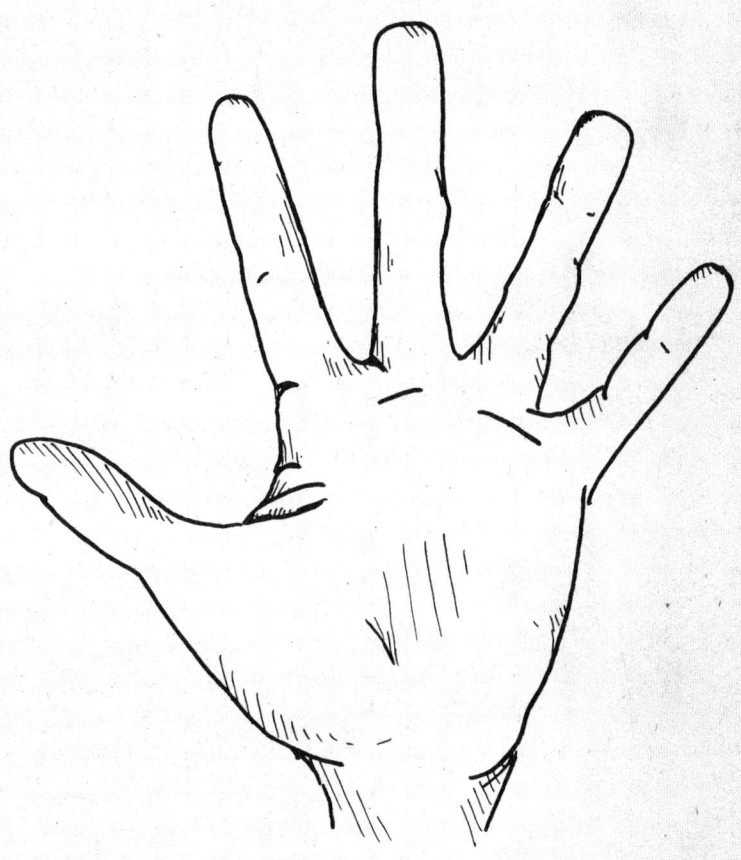

DER BRO-CODE-FIVE!
(Reißt diese Seite heraus, und steckt sie ein, dann wird es euch nie am
Grußpartner fehlen ...)

ARTIKEL 108

*Wenn ein Bro den Namen von einem
Typen vergessen hat, dann darf er
ihn »He« oder »Du«, »Mann« oder
»Alter« nennen, jedoch auf keinen
Fall »Bro«.*

⚘ ARTIKEL 109 ⚘

Wenn Bros eine Sportveranstaltung besuchen und sich auf der Stadionleinwand entdecken, dann sollten sie die Lippen schürzen und die Muskeln spielen lassen, um der Welt dort draußen zu verstehen zu geben, dass ihre Mannschaft die Nummer eins ist, auch wenn objektive Indizien vielleicht in eine ganz andere Richtung weisen.

ARTIKEL 110

Wenn es zwischen einem Bro und einer Braut funkt, dann soll der andere Bro alles in seiner Macht Stehende tun, um dem Bro zum erhofften Erfolg zu verhelfen.

Ihr und eure Bros werdet auf der Jagd nach dem One-Night-Stand auf viele auf den ersten Blick unüberwindliche Schwierigkeiten stoßen. Hier ein paar Techniken, mit denen ihr sie meistern könnt.

HÄUFIGE SCHWIERIGKEITEN BEIM ONE-NIGHT-STAND

PROBLEM	LÖSUNG
Ich habe ihren Namen vergessen.	Schick einen Bro zu ihr, der sich ihr vorstellt und genau aufpasst. Hinweis: Such den Bro aus, der am wenigsten gut aussieht.
Sie hat meine Einladung zu einem Drink ausgeschlagen.	Biete ihr Frühstück im Bett als Alternative an. Wenn sie nicht darauf eingeht, sagst du, es sei ein Scherz gewesen.
Sie ist mit ihren Freundinnen da.	Mach diejenige aus, die der Grund für die Mädels war, auszugehen – die gerade erst sitzen gelassene Braut –, und halte dich an die.
Das Licht geht an – sie ist hässlich.	Kneif die Augen zusammen. Wenn sie fragt, was du da machst, sag, dass du deine Brille vergessen hast oder dir schreckliche Sorgen wegen der Umweltzerstörung machst oder sonst etwas in dieser Art.

ARTIKEL 111

Wenn ein Bro feststellt, dass ein anderer Bro sein E-Mail-Programm noch geöffnet hat, dann schließt er es für ihn, allerdings erst, nachdem er einige wütende Mails an zufällig ausgesuchte Adressen geschickt und dann die gesendeten Nachrichten gelöscht hat.

~ ARTIKEL 112 ~

Ein Bro singt in einer Bar nicht zur Musik mit.

AUSNAHME: Ein Bro darf an Karaoke teilnehmen.

AUSNAHME ZUR AUSNAHME: keine Frauensongs.

ARTIKEL 113

Ein Bro hält sich an die altherge-brachte Altersunterschiedsformel, wenn er sich an eine jüngere Braut heranmacht.

BERECHNUNG DES AKZEPTABLEN ALTERSUNTERSCHIEDS

$$x \geq y/2 + 7$$

x = Alter der Braut, y = Alter des Bros

Diese Formel verhindert, dass alte Lüstlinge sich die ganzen heißen Bräute schnappen, und außerdem erspart sie Bros den Anblick von Tattergreisen mit geilen Mädels und die Vorstellung, wie sie es auf seinem Krankenhausbett treiben.

ALTERSUNTERSCHIEDSTABELLE (für die Brieftasche)

Bro	Chick	Bro	Chick	Bro	Chick	Bro	Chick	Bro	Chick	Bro	Chick
22	18	36	25	50	32	64	39	78	46	92	53
23	18.5	37	25.5	51	32.5	65	39.5	79	46.5	93	53.5
24	19	38	26	52	33	66	40	80	47	94	54
25	19.5	39	26.5	53	33.5	67	40.5	81	47.5	95	54.5
26	20	40	27	54	34	68	41	82	48	96	55
27	20.5	41	27.5	55	34.5	69	.heh	83	48.5	97	55.5
28	21	42	28	56	35	70	42	84	49	98	56
29	21.5	43	28.5	57	35.5	71	42.5	85	49.5	99	56.5
30	22	44	29	58	36	72	43	86	50	100	57
31	22.5	45	29.5	59	36.5	73	43.5	87	50.5		
32	23	46	30	60	37	74	44	88	51		
33	23.5	47	30.5	61	37.5	75	44.5	89	51.5		
34	24	48	31	62	38	76	45	90	52		
35	24.5	49	31.5	63	38.5	77	45.5	91	52.5		

☞ ARTIKEL 114 ☜

Wenn ein Bro gezwungen ist, für längere Zeit auf dem Sofa seines Bros zu übernachten, muss er anbieten, die Kosten für Toilettenpapier sowie die Kabelfernsehrechnung zu teilen, wenn der Zeitraum von zwei Wochen überschritten wird. Bleibt er länger als einen Monat, muss er eine Mietbeteiligung anbieten. Bleibt er länger als zwei Monate, sollte er das Sofa dampfreinigen oder es verbrennen lassen, je nachdem, welche Lösung vernünftiger erscheint.

ARTIKEL 115

Ein »Clothing Optional«-Strand ist für Bros nicht wirklich ein »Clothing Optional«-Strand.

⌒ ARTIKEL 116 ⌒

Ein Bro bringt einen anderen Bro nicht um und erstickt auch nicht seine Chancen bei einer Braut im Keim.

Jeder Bro hat ein Recht auf Leben und ein Recht darauf, heiße Bräute anzubaggern. Eines dieser gottgegebenen Rechte zu verletzen wäre wirklich hundsgemein und würde die schlimmste Strafe nach sich ziehen, die der Bro Code vorsieht: den dauerhaften Entzug des Rechtes, im Auto vorn zu sitzen.

ARTIKEL 117

Ein Bro gibt niemals freiwillig die Fernbedienung aus der Hand. Möchte ein anderer Bro den Fernsehsender wechseln, so kann er dies als verbale Bitte vorbringen, oder er kann sich lächerlich machen, indem er zum Gerät geht und von Hand umschaltet.

HINWEIS: Es ist davon auszugehen, dass ein Bro alles tut, um in den Besitz der Fernbedienung zu gelangen; das kann sogar so weit gehen, dass er seinen Bro/seine Bros mit Fürzen aus dem Zimmer treibt.

ARTIKEL 118

Wenn ein Bro mit seinen Bros zusammen ist, ist er kein Vegetarier.

ARTIKEL 119

Wenn drei Bros sich den Rücksitz eines Autos teilen müssen, dann darf keinesfalls einer den Arm um den anderen legen, um dadurch Platz zu gewinnen. Ebenso ist es nicht akzeptabel, dass zwei Bros miteinander Motorrad fahren, es sei denn, es handelt sich um ein Motorrad mit Browagen.

⁀ ARTIKEL 120 ⁀

Ein Bro nennt einen anderen Bro stets beim Nachnamen.

AUSNAHME: Wenn der Nachname des Bros zugleich eine Rassenbezeichnung ist.

⌒ ARTIKEL 121 ⌒

Selbst wenn er noch nie zuvor auf Skiern gestanden hat, gibt ein Bro sich nicht mit dem Übungshang zufrieden.

HINWEIS: Wenn ein Bro dabei spektakulär auf der Nase landet, kann er immer noch die Bindung oder die Schneeverhältnisse dafür verantwortlich machen.

ARTIKEL 122

Ein Bro ist immer gut drauf. Immer.

Solltet ihr einmal Mühe haben, in Stimmung zu kommen, oder einen anderen Bro in Stimmung bringen müssen, dann hilft sicherlich ein Gute-Laune-Mix.

KLASSISCHE GUTE-LAUNE-SONGS

You Give Love a Bad Name – Bon Jovi

I Wanna Rock – Twisted Sister

The Humpty Dance – Digital Underground

Don't Stop Believin' – Journey

You're the Best Around – Joe Esposito

Lick It Up – KISS

Paradise City – Guns 'n' Roses

Tom Sawyer – Rush

The Transformers Theme – Vince DiCola with Optimus Prime

Dancing with Myself – Billy Idol

Rock You Like a Hurricane – Scorpions

Come Sail Away – Styx

Free Bird (nur die zweite Hälfte) – Lynyrd Skynyrd

Panama – Van Halen

Jessie's Girl – Rick Springfield

Talk Dirty to Me – Poison

Thunderstruck – AC/DC

High Enough – Damn Yankees

Hip Hop Hooray – Naughty by Nature

Dr. Feelgood – Mötley Crüe

Round and Round – Ratt

ARTIKEL 123

Zwei Bros halten mindestens einen Meter Abstand, wenn sie auf ein und derselben Tanzfläche tanzen, selbst wenn sie die Messerstecherei aus Beat It nachspielen – was Bros aber eigentlich nicht tun sollten oder zumindest nicht oft.

Wenn ein Bro beim Basketball danebenwirft, beim Softball den Ball ins Aus schlägt oder beim Browling keinen einzigen Kegel trifft, wird erwartet, dass er so etwas wie eine Entschuldigung stammelt.

⌐ ARTIKEL 125 ⌐

Wenn ein Bro vor einem anderen in einer Brolonne fährt, muss er versuchen, ihn im Verkehr abzuhängen – das ist ein echter Spaß.

ARTIKEL 126

Wenn zwei oder mehr Bros sich gemeinsam Unterhaltung für Erwachsene ansehen, ist es absolut untersagt, dass ein Bro, absichtlich oder unabsichtlich, einen anderen Bro berührt, EGAL, aus welchem Grund. Dies gilt auch, jedoch keineswegs ausschließlich, für den High Five, den Faust-an-Faust-Gruß und den anerkennenden Klaps auf den Po. Auch Zwinkern ist nicht empfohlen.

CHECKLISTE VOR DEM BESUCH EINES STRIPCLUBS

❏ Ausreichend Geldmittel in kleinen Banknoten der Landeswährung dabei.

❏ Bank- und Kreditkarten tief in der Brieftasche versteckt, aber doch noch zugänglich, falls seltenes »Zwillings«-Szenario.

❏ Betrunken.

❏ Gefälschte Filmproduzenten-Visitenkarten eingesteckt, die »versehentlich« in den Ausschnitt der Tänzerinnen fallen können.

❏ Gelöbnis abgelegt, Tänzerinnen mit Namen wie Smokey, Hepatitia oder Thunder zu meiden.

❏ Heizung in der Wohnung abgestellt, um Kosten zu sparen und noch etwas für die Umwelt zu tun.

❏ Keine Jeans.

❏ Ausführliche Zusammenfassung des Films gelesen, von dem die Freundin glaubt, dass man ihn ansieht.

Ein Bro muss einen anderen Bro stets dabei unterstützen, die Ereignisse des Vorabends zu rekonstruieren, es sei denn, der Bro ist letztlich bei einer hässlichen Braut gelandet oder hat mehrfach »Mann, ich liebe euch« zu seinen versammelten Bros gesagt.

EAK – Erinnerungsassistenz und/oder -korrektur – wird oft im Umfeld von Feiertagen notwendig, weil bei der Zusammenkunft mit Menschen, die wir lieben, unser Bedürfnis nach Alkohol exponentiell ansteigt.

Halloween ist eine Zeit, in der Bros ganz besonders an Gedächtnislücken leiden, verursacht durch die tödliche Kombination von zu viel Süßigkeiten und Alkohol. Ich kann mich an ein Jahr erinnern, da bin ich mit vier neuen Telefonnummern aufgewacht, hatte aber keine Ahnung mehr, von wem ich sie bekommen hatte. Da jedoch mein Telefon den Zeitpunkt, an dem ich sie eingegeben hatte, gespeichert hatte und ich noch vage Erinnerungen an die vier verschiedenen Kostüme besaß, die ich auf der Party am Vorabend getragen hatte, konnte ich einige logische Verbindungen herstellen.

Ich hatte mich als Wikinger, als Ninja, als Teddy Roosevelt und natürlich – mein alter Klassiker – als Gandhi verkleidet, und in jedem dieser Kostüme habe ich mit je einer Braut angebandelt: einer schlampigen Nonne, einem schlampigen Aschenbrödel, einer schlampigen Schlampe und einem schlampigen Etwas mit Ohren und Schwanz.

Um das Rätsel zu lösen, müsst ihr bei jedem Kästchen, dessen Kombination ihr aufgrund der Indizien ausschließen könnt, ein X einsetzen. Zum Beispiel ist es Tatsache, dass ich nicht im Ninja-Kostüm aufgewacht bin, deshalb ist das Kästchen »Ninja/2.21 Uhr« bereits ausgekreuzt. – Noch ein Tipp: Manche Tatsachen liefern Informationen, die mehrere Kombinationen unmöglich machen.

ERINNERUNGSFETZEN

1. Ich bin nicht im Ninja-Kostüm aufgewacht, aber das Letzte, woran ich mich erinnern kann, ist ein Schwanz.

2. Die schlampige Schlampe ist vor Mitternacht gegangen, also hat sie meinen prachtvollen Gandhi nicht mehr gesehen – für den hätte auch sie gehungert.

3. Aschenbrödel und die Nonne haben beide mein Schwert bestaunt. Ich habe noch Wurfsterne gesehen, als ich mich schon für den Wikinger umgezogen habe.

4. Ganz zu Anfang der Party habe ich leise mit ein paar heißen Bräuten gesprochen und ihnen meine ganze Kraft gezeigt – politisch gesehen natürlich, denn zu diesem Zeitpunkt ging ich als Teddy Roosevelt.

5. Die Nummer von Aschenbrödel habe ich mir früh am Abend besorgt. Ich hatte Angst, dass ihre Melonen sich um Mitternacht in Kürbisse verwandeln könnten.

	schlampiges Aschenbrödel	schlampige Schlampe	schlampiges Etwas	schlampige Nonne	21.42 Uhr	22.56 Uhr	0.03 Uhr	2.21 Uhr	
Wikinger									21.42 Uhr
Roosevelt									22.56 Uhr
Ninja								X	0.03 Uhr
Gandhi									2.21 Uhr
21.42 Uhr									
22.56 Uhr									
0.03 Uhr									
2.21 Uhr									

Die Lösung steht auf Seite 207.

Ein Bro trägt nie zwei Kleidungsstücke gleichzeitig, auf denen derselbe Name einer Schule, eines Ferienorts oder einer Sportmannschaft aufgedruckt ist. Selbst wenn der absolute Wäschenotstand ausgebrochen ist, darf ein Bro eher halb nackt aus dem Haus gehen, als gegen diese Regel zu verstoßen – natürlich nur halb nackt von der Taille aufwärts.

Wenn ein Bro einem anderen Bro eine DVD, ein Computerspiel oder ein Gartengerät leiht, darf er nicht erwarten, dass er es zurückbekommt, es sei denn, der Bro stirbt und vererbt es ihm.

⌒ ARTIKEL 130 ⌒

Wenn ein Bro erfährt, dass ein anderer Bro einen Autounfall hatte, muss er zunächst fragen, um welche Marke es sich beim gegnerischen Fahrzeug gehandelt hat und ob das Auto einen Totalschaden hatte – erst danach darf er sich erkundigen, ob sein Bro verletzt wurde.

ARTIKEL 131

Es kann von einem Bro zwar nicht unbedingt erwartet werden, dass er bis ins Detail weiß, wie man einen Reifen wechselt, doch sollte er zumindest den Wagenheber herausholen und den Platten eine Weile anstarren. Wenn er in der Bedienungsanleitung nachsehen muss, um den Wagenheber zu finden, sollte er dies im Innenraum tun, wo Passanten ihn nicht sehen können und von wo aus er auch diskret die Pannenhilfe verständigen kann. Am besten versteckt er danach den Wagenheber am Straßenrand, damit er eine gute Entschuldigung hat, wenn der Abschleppwagen kommt.

Wenn ein Bro beschließt, zu heiraten und damit all seine Bros zu verraten, dann ist er verpflichtet, sie zur Hochzeit einzuladen, selbst wenn dies den Wünschen der Braut diametral entgegenläuft und zu einer Kein-Sex-Strafe führt oder was es sonst an häuslichen Vergeltungsmaßnahmen unter Paaren geben mag.

Eine Braut empfindet ihren Hochzeitstag als glücklichsten Tag in ihrem Leben. Für den Bräutigam hingegen ist er der unglücklichste: Die Zeit der Brolbereien mit seinen Bros ist vorbei. Allerdings kann der Bräutigam sich spektakulär von seinen Bros verabschieden – mit den richtigen Brautjungfern.

Brautjungfern werden in hässliche, für alle gleiche Kleider gezwängt und haben nur ein einziges Ziel: so schnell wie möglich wieder herauszukommen. Studien haben ergeben, dass die Mischung aus Cocktails, Bros im Abendanzug und – na ja – Cocktails Brautjungfern zu den entgegenkommendsten Mädels des ganzen Planeten macht.

BRAUTJUNGFERN BEI EINER HOCHZEIT

☐ ziemlich betrunken ■ echt betrunke

⚘ ARTIKEL 133 ⚘

Ein Bro bekennt sich zu einem Furz erst, wenn er zuvor mindestens einen anderen Bro beschuldigt hat.

AUSNAHME: Klingelton.

ARTIKEL 134

Ein Bro darf auch einen weiblichen Wingman haben.

Seit Beginn der Menschheit haben Bros nur flüsternd von einem Wingman gesprochen, der über solch außergewöhnliche Fähigkeiten verfügt, dass er mit einem einzigen Wimpernschlag ein Dutzend heißer Bräute herbeischafft. Ich spreche natürlich von der Wingwoman. Ist doch klar, wenn euer Wingman genau weiß, was Frauen gerne hören, dann ist das doch mehr wert als ein Haufen Geld, ein voller Haarschopf oder sogar ein Motorboot. Aber sicher, und das Beste daran ist, dass es Wingwomen wirklich gibt. Allerdings müsst ihr zunächst all die sexistisch geprägten falschen Vorstellungen überwinden, die eine Braut so oft davon abhalten, einem Bro dabei zu helfen, andere Bräute ins Bett zu bekommen.

DIE WINGWOMAN: WAHR ODER FALSCH?

Eine Wingwoman muss dauernd aufs Klo.	**Falsch** Frauenblasen sind kleiner, aber sie halten mehr aus. Wie sollte sonst ein ganzes Kino voll Bräute *Das Haus am See* durchstehen?
Eine Wingwoman gibt niemals Drinks aus.	**Wahr** Aber ihr bekommt die Unkosten wieder rein, weil andere Typen *ihr* Drinks ausgeben.
Eine Wingwoman lässt sich durch Klatschgeschichten ablenken.	**Falsch** Was für Bros nur schrilles Gekreische ist, stellt für Frauen eine komplexe Diskussion dar, die in Körpersprache abgehalten wird.
Eine Wingwoman wirkt wie die eigene Freundin.	**Wahr** Aber *nichts* zieht die Frauen mehr an als ein Typ, der schon eine Freundin hat.

ARTIKEL 135

Wenn ein Bro aus Versehen zwei Bros den Platz auf dem Beifahrersitz versprochen hat, dann muss eine der folgenden Maßnahmen darüber entscheiden, wer Kopilot wird:
1. ein Wettrennen zum Wagen,
2. eine unauffällige Auktion oder, wenn die Strecke mehr als 700 Kilometer beträgt,
3. ein schonungsloser Kampf bis zum bitteren Ende.

⌐ ARTIKEL 136 ⌐

Wenn eine Freundin sich danach erkundigt, wie der Junggesellenabend war, darf ein Bro nur gleichgültig »War schon okay« antworten.

HINWEIS: Ein Bro nimmt zu einem Junggesellenabend niemals eine Kamera mit. Die einzige Erinnerung, die ein Bro von einem Junggesellenabend mit nach Hause bringen darf, ist etwas, das sich mit Penicillin kurieren lässt.

⌐ ARTIKEL 137 ⌐

Wenn ein Bro als Gastgeber fungiert, bestellt er genug Pizza für alle seine Bros.

DIE PIZZAFORMEL

$$p = \frac{3b}{8}$$

p = Anzahl der Pizzas (aufgerundet auf die nächste ganze Zahl)
b = Anzahl der Bros (Gastgeber eingerechnet)

Formel berücksichtigt den Hungerkoeffizienten *(h)* des Bros:

$$h(b) = \frac{m}{\Delta t}$$

m = Gravitationsmasse des Bros
Δt = Zeit, die seit der letzten Mahlzeit des Bros vergangen ist

Diese Formel geht vom Istzustand des Hungers aus. Anwachsende Hungerrate wird in Stinsons Pizzaintegral ausgedrückt:

$$p(b) = \int_{b}^{\infty} \frac{\{1 + [b/(b+1)]\} \times 3.4}{8}$$

~ ARTIKEL 138 ~

Ein echter Bro lacht nicht, wenn jemand einen Tritt in die Eier bekommt.

AUSNAHME: Er kennt den Typen nicht.

*Ein Bro würde, unabhängig davon,
ob es stimmt, niemals zugeben,
dass ihn Broadway-Shows oder
-Musicals interessieren, auch wenn
zugegebenermaßen »Broadway« mit
»Bro« beginnt.*

ARTIKEL 140

Ein Bro behält sich das Recht vor, während der ersten fünf Minuten einer Verabredung einfach abzuhauen.

DIE ZITRONENKLAUSEL

Die Zitronenklausel ist ein wenig bekanntes Schlupfloch bei Verabredungen, das einem Bro gestattet, während der ersten fünf Minuten ohne jede Erklärung noch einen Rückzieher zu machen. Hat euch ein Bro nicht schon oft ein Blind Date organisiert, bei dem die Betreffende sich als echte Qual erwiesen hat? Die Zitronenklausel erlaubt es, sich solchen Qualen nicht länger auszusetzen und seine Zeit nicht damit zu verschwenden. Ihr müsst einfach eurer Verabredung die Karte mit der Zitronenklausel vorlegen, und schon seid ihr aus dem Schneider.

TUT MIR LEID, ABER DIE VERABREDUNG IST VORBEI

GEMÄSS DEN BESTIMMUNGEN DER
ZITRONENKLAUSEL
www.barneysblog.com

Die *Zitronenklausel* kann in Anspruch genommen werden, wenn innerhalb der ersten fünf Minuten (300 Sekunden) einer Verabredung zwischen Unbekannten eine der beide beteiligten Parteien zu dem Schluss kommt, dass das Unternehmen aussichtslos ist, und die Verabredung aus Gründen der Zeitersparnis und/oder Selbstachtung abbrechen will. Die Entgegennahme dieser Karte verpflichtet die **Zitronenpartei**, von jeglicher Art von Vorwürfen oder Fragen gegenüber dem **Geber** betreffend den Abbruch der Verabredung abzusehen; dieser kann aus jeglichem Grunde erfolgen, so zum Beispiel wegen geschmackloser Kleidung, Mundgeruch, Unansehnlichkeit, exzessiver Körperbehaarung/Körperbehaarung an unerwarteten Stellen, Long-Island-Akzent, schlechter Schulbildung, Mangel an Vertrauenswürdigkeit, Mangel an Kreditfähigkeit, eigenartiger Gerüche.

ANHANG

(1) Der **Geber** kann die Inanspruchnahme der Zitronenklausel zurückstellen, wenn die **Zitronenpartei** sich unmittelbar nach Entgegennahme der Karte bedingungslos zu einem One-Night-Stand bereiterklärt. (2) Die Bedingungen dieser Vereinbarung sind allgemein übertragbar, solange die Zitronenklausel als solche unangetastet bleibt. (3) Sollte der unwahrscheinliche Fall eintreten, dass beide Parteien im gleichen Moment von der Klausel Gebrauch machen, müssen die Beteiligten dies mit einem High Five quittieren, und keine von beiden Parteien gilt als Geber der Karte.

TUT MIR LEID, ABER DIE VERABREDUNG IST VORBEI

GEMÄSS DEN BESTIMMUNGEN DER
ZITRONENKLAUSEL
www.barneysblog.com

Die *Zitronenklausel* kann in Anspruch genommen werden, wenn innerhalb der ersten fünf Minuten (300 Sekunden) einer Verabredung zwischen Unbekannten eine der beide beteiligten Parteien zu dem Schluss kommt, dass das Unternehmen aussichtslos ist, und die Verabredung aus Gründen der Zeitersparnis und/oder Selbstachtung abbrechen will. Die Entgegennahme dieser Karte verpflichtet die **Zitronenpartei**, von jeglicher Art von Vorwürfen oder Fragen gegenüber dem **Geber** betreffend den Abbruch der Verabredung abzusehen; dieser kann aus jeglichem Grunde erfolgen, so zum Beispiel wegen geschmackloser Kleidung, Mundgeruch, Unansehnlichkeit, exzessiver Körperbehaarung/Körperbehaarung an unerwarteten Stellen, Long-Island-Akzent, schlechter Schulbildung, Mangel an Vertrauenswürdigkeit, Mangel an Kreditfähigkeit, eigenartiger Gerüche.

ANHANG

(1) Der **Geber** kann die Inanspruchnahme der Zitronenklausel zurückstellen, wenn die **Zitronenpartei** sich unmittelbar nach Entgegennahme der Karte bedingungslos zu einem One-Night-Stand bereiterklärt. (2) Die Bedingungen dieser Vereinbarung sind allgemein übertragbar, solange die Zitronenklausel als solche unangetastet bleibt. (3) Sollte der unwahrscheinliche Fall eintreten, dass beide Parteien im gleichen Moment von der Klausel Gebrauch machen, müssen die Beteiligten dies mit einem High Five quittieren, und keine von beiden Parteien gilt als Geber der Karte.

TUT MIR LEID, ABER DIE VERABREDUNG IST VORBEI

GEMÄSS DEN BESTIMMUNGEN DER
ZITRONENKLAUSEL
www.barneysblog.com

Die *Zitronenklausel* kann in Anspruch genommen werden, wenn innerhalb der ersten fünf Minuten (300 Sekunden) einer Verabredung zwischen Unbekannten eine der beide beteiligten Parteien zu dem Schluss kommt, dass das Unternehmen aussichtslos ist, und die Verabredung aus Gründen der Zeitersparnis und/oder Selbstachtung abbrechen will. Die Entgegennahme dieser Karte verpflichtet die **Zitronenpartei**, von jeglicher Art von Vorwürfen oder Fragen gegenüber dem **Geber** betreffend den Abbruch der Verabredung abzusehen; dieser kann aus jeglichem Grunde erfolgen, so zum Beispiel wegen geschmackloser Kleidung, Mundgeruch, Unansehnlichkeit, exzessiver Körperbehaarung/Körperbehaarung an unerwarteten Stellen, Long-Island-Akzent, schlechter Schulbildung, Mangel an Vertrauenswürdigkeit, Mangel an Kreditfähigkeit, eigenartiger Gerüche.

ANHANG

(1) Der **Geber** kann die Inanspruchnahme der Zitronenklausel zurückstellen, wenn die **Zitronenpartei** sich unmittelbar nach Entgegennahme der Karte bedingungslos zu einem One-Night-Stand bereiterklärt. (2) Die Bedingungen dieser Vereinbarung sind allgemein übertragbar, solange die Zitronenklausel als solche unangetastet bleibt. (3) Sollte der unwahrscheinliche Fall eintreten, dass beide Parteien im gleichen Moment von der Klausel Gebrauch machen, müssen die Beteiligten dies mit einem High Five quittieren, und keine von beiden Parteien gilt als Geber der Karte.

⁀ ARTIKEL 141 ⁀

*Ein Bro geht nur zur Maniküre,
wenn er (a) die heiße Asiatin, die die
Pediküre durchführt, flachlegen will
oder (b) mindestens ein Monat seit
seiner letzten Maniküre vergangen
ist. Das hier ist schließlich der Bro
Code und nicht der
Schlampen-Code.*

Ein Bro darf nicht auf Rache aus sein, wenn er, nachdem er inmitten seiner Bros das Bewusstsein verloren hat, beim Aufwachen feststellt, dass sein Gesicht überall mit Filzstift bemalt ist.

⌐ ARTIKEL 143 ⌐

Es ist nicht gestattet, bei der Ausführung des High Five die Finger ineinander zu verschränken oder die Hand des anderen Bros zu ergreifen.

EIN WENIG BROESIE

Hai-Five-Ku

Eins, zwei, drei, vier, fünf
Halt sie alle hoch in die Luft
Schlag zu und lass los, Bro

☞ ARTIKEL 144 ☜

Es ist absolut inakzeptabel, dass zwei Bros sich ein Hotelbett teilen, bevor sie nicht alle anderen denkbaren Couch-, Feldbett- und Kissen-auf-dem-Boden- Alternativen erwogen haben. Wenn es jedoch unvermeidlich ist, dann wird jeder unabsichtliche Körperkontakt dadurch ausgeschlossen, dass per Armdrücken* entschieden wird, wer von beiden die Bettdecke bekommt. Danach muss jeder Bro seine untere Körperhälfte mit so vielen Kleidungsstücken wie möglich bedecken, und anschließend wünschen sich beide mit einem stillen Faust-an- Faust-Gruß eine gute Nacht.

* Nicht auf dem Bett.

☞ ARTIKEL 145 ☜

Ein Bro darf nicht gekränkt sein,
wenn ein anderer Bro es versäumt,
binnen eines angemessenen
Zeitraums auf einen Anruf, eine
SMS oder eine E-Mail zu reagieren.

⌒ ARTIKEL 146 ⌒

Ein Bro prahlt nicht mit Details, wenn er anderen Bros von seinen sexuellen Abenteuern erzählt.

Wer zu viele Einzelheiten in die Beschreibung seiner geschlechtlichen Glanzleistungen packt, zwingt seine Bros unwillkürlich dazu, sich ihn nackt vorzustellen – und da gibt es kein Zurück mehr.

WIE SEHR DARF MAN INS DETAIL GEHEN?

STUFE	DIALOGBEISPIEL	AKZEPTABEL?
unbestimmt	»Gestern Nacht ging die Post ab.«	👍
maßvoll	»Gestern Nacht ging echt die Post ab.«	👍
explizit	»Sie hat ihre [zensiert] auf meinen [zensiert] gelegt, und da bin ich [zensiert] [zensiert] [zensiert].«	👎👎

~ ARTIKEL 147 ~

Wenn ein Bro sieht, dass ein anderer Bro in eine Prügelei gerät, eilt er ihm sofort zu Hilfe.

AUSNAHME: Der Bro hat sich auf eine Prügelei mit einem wirklich übel aussehenden Burschen eingelassen.

AUSNAHME: Es ist die dritte Prügelei (oder mehr), in die dieser Bro innerhalb einer Woche geraten ist.

AUSNAHME: Der zur Hilfe verpflichtete Bro hat eine Bescheinigung seines Arztes, die ihn ausdrücklich von Hilfeleistungen befreit.

ARTIKEL 148

Ein Bro hört sich keine Frauenmusik an – solange andere Bros dabei sind. Allein in seinem Zimmer darf ein Bro sich durchaus zum Beispiel ein Sarah-McLachlan-Album oder zwei anhören, aber nur, um wertvolle Einsichten in die weibliche Psyche zu gewinnen, nicht etwa, weil er die melancholischen Melodien so eingängig und gleichzeitig seltsam erhebend findet.

☞ ARTIKEL 149 ☜

Ein Bro tut so, als verstünde er etwas von Zigarren und würde sie genießen.

ZIGARREN-BUCHSTABENRÄTSEL

```
A  C  H  U  R  C  H  I  L  L  B  O
F  F  G  E  T  O  B  A  C  C  O  L
I  E  W  P  S  C  J  G  O  R  U  X
C  Z  T  R  C  T  T  L  T  W  Q  Y
I  R  L  E  W  I  N  S  K  Y  U  R
O  M  H  S  B  R  A  F  T  U  E  R
N  T  U  I  B  C  B  R  O  Q  T  I
A  E  M  D  L  G  U  S  V  T  E  L
D  R  I  E  E  Y  C  U  T  T  E  R
O  U  D  N  M  A  T  R  K  V  H  N
P  I  O  T  L  J  W  K  O  Z  R  Y
F  R  R  E  N  H  Y  E  Y  L  R  Z
```

❏ Tobacco ❏ Humidor ❏ Presidente

❏ Churchill ❏ Fidel Castro ❏ Aficionado

❏ Bouquet ❏ Cuba

❏ Lewinsky ❏ Cutter

⌒ ARTIKEL 150 ⌒

Kein Sex mit deines Bros Ex!

Es ist absolut verboten, dass ein Bro mit der Ex seines Bros schläft. Ein Verstoß gegen diesen Artikel ist schlimmer als der Mord an einem Bro.

ERGÄNZUNGEN

ERGÄNZUNG 1

Ein Bro hat das Recht auf Sex mit der Ex seines Bros, wenn sie den Anfang macht, wenn sie echt heiß ist oder wenn sein Bro gerade nicht in der Stadt oder in einem anderen Zimmer ist.

ERGÄNZUNG 2

Wenn ein Bro eine bewegende Filmtrilogie im Weltraummilieu schreibt und inszeniert, die prägend für die Kindheit einer ganzen Generation wird, dann ist es strikt verboten, dass er dieses Erbe später beschmutzt, indem er eine bescheuerte Vorläufer-Trilogie auf den Markt wirft und die Bros dazu zwingt, bei den Folgen 4 bis 6 jedes Mal »die echte Trilogie« dazuzusagen, um klarzumachen, dass sie sich auf das, was einmal drei wirklich perfekte Filme waren, beziehen, völlig unabhängig davon, wie jemand zu Ewoks steht.

ERGÄNZUNG 3

Sollte ein Bro feststellen, dass ein Bro eine echt heiße Schwester hat (eine Neun oder höher), ist diese nicht mehr durch Artikel 19 »Ein Bro sollte nicht mit der Schwester seines Bros schlafen« geschützt. Allerdings sollte ein Bro es sich noch einmal überlegen, wenn ihm auffällt, dass die Schwester eigentlich aussieht wie sein Bro mit Perücke.

ERGÄNZUNG 4

Ein Bro darf niemals einen Bro abweisen, der unerwartet mit einer Kiste voller Pornofilme vor der Tür steht.

ERGÄNZUNG 5

Wenn euer Bro mit einer Braut zusammenlebt, ist es nicht mehr passend, dass ihr unerwartet mit einer Kiste voller Pornofilme vor der Tür steht.

ERGÄNZUNG 6

Gut, also wenn ein Bro unbedingt eine Kiste voller Pornofilme irgendwo unterbringen muss, dann darf er auch unerwartet vor der Tür stehen, selbst wenn sein Bro mit einer Braut zusammenlebt. Da die Beziehung des Bros zu seinen Pornofilmen unzweifelhaft die ältere und wichtigere ist, hat die Kiste mit Pornofilmen Vorrang vor der im Haushalt befindlichen Braut, auch wenn eine Kiste voller Pornofilme das Abendessen nicht versalzen oder den Sex für die Nacht verweigern kann.

ERGÄNZUNG 7

(Hier könnt ihr eure eigene Ergänzung eintragen, damit ihr euch
auf den Bro Code berufen könnt, wenn nötig.)

_____

_____

_____

ERGÄNZUNG 8

Ein Bro kann auf den Bro Code pfeifen, wenn in irgendeiner Art und Weise skandinavische Zwillinge im Spiel sind.

ERGÄNZUNG 9

Ein Bro darf Luftgitarre spielen, wenn die Gitarre aus Plastik und mit einer Spielekonsole verbunden ist.

ERGÄNZUNG 10

Ein Bro darf den Bro Code veröffentlichen, wenn er sich davon einen ordentlichen Gewinn verspricht.

VERSTÖSSE

Verstöße gegen den Bro Code können mit Geldbußen in Höhe von bis zu 250.000 Dollar geahndet werden, in extremen Fällen sogar mit **Aberkennung des Brostatus**. Ungelöste Dispute betreffend den Bro Code können unter barneystinson@barneysblog.com per E-Mail dem Internationalen Gerichtshof der Bros vorgelegt werden, vorausgesetzt, es sind Bilder der Bräute, um die es geht, angehängt. Und sie müssen heiß sein – die Bräute, nicht die Dispute.

Es gibt nichts, was den Geist des Bro Code so sehr beleidigt wie ein willentlicher Verstoß gegen seine Regeln. Gelegentlich mag einem Bro ein Fehler unterlaufen, der vielleicht mit seinem Alkoholpegel zu tun hat, einer kurzfristigen Unaufmerksamkeit geschuldet ist oder der Tatsache, dass eine Braut so heiß ist, dass die anderen Bros hinterher zugeben müssen: »Er hatte doch gar keine andere Wahl«, doch jeder absichtliche Verstoß gegen den Bro Code ist unverzeihlich. Wenn ein Bro gegen den Bro Code verstößt, dann schadet er nicht nur seinen Bros, sondern auch sich selbst, denn er wird von da an nicht mehr als browürdig gelten.

Selbstverständlich gibt es im Bro Code keinen Artikel, den man nicht vertraulich mit einem anderen Bro besprechen könnte, daher würde ich empfehlen, dass ein Bro von einem anderen Bro die Erlaubnis einholt, bevor er etwas tut – oder mit jemandem etwas tut –, das dieser Bro vielleicht als Verletzung des heiligen Kodex verstehen könnte. Hinweis: Am besten erhält man eine solche Erlaubnis von einem Bro, wenn er stockbesoffen ist, beinahe schon weggetreten.

Wird ein Verstoß festgestellt, so hat ein Bro das Recht, über den straffälligen Bro eine dem Verstoß angemessene Strafe zu verhängen. Er sollte diese aus der Liste der empfohlenen Strafmaßnahmen wählen.

EMPFOHLENE STRAFMASSNAHMEN

- Aberkennung des Wingman-Status
- Ausschluss aus dem SMS-Verteiler
- Ernennung zum ständigen Trinkgeldgeber
- Sitzplatz auf dem Sessel am Sonnenfenster
- Streichung von der Liste mit Adressen, an die anzügliche E-Mails weitergeleitet werden
- Wasserfolter
- vorübergehender Ausschluss von Barbecue-/Fußball-Ausflügen
- Verlust des Anrechts auf den Beifahrerplatz
- Herabstufung des Rangplatzes auf der »ungenutzte Dauerkarten«-Liste
- Ausschluss vom Urlaubskartenverteiler
- Verlust des Anrechts auf Flugplatz-Bring-und-Abholservice
- Verpflichtung, dem gekränkten Bro beim Verrücken schwerer Möbelstücke zu helfen
- vorübergehender Ausschluss vom gewohnten Golf-Vierer
- Verpflichtung, Sachen zurückzugeben, die er von dem gekränkten Bro ausgeliehen hat – sogar solche, von denen er angenommen hat, dass der Bro sie längst vergessen hat
- Verlust des Anrechts, den Truck auszuleihen
- gekränkter Bro wird von der Verpflichtung, auch Runden zu übernehmen, ausgenommen

BROSSAR

Apfel, in den sauren beißen – Ein Akt, bei welchem ein Bro »sich für die Mannschaft opfert«, indem er sich mit der unattraktiven Freundin einer heißen Braut abgibt.

ausbooten – Einem Wingman die Braut ausspannen, meist mit unlauterer Absicht.

Bro-Braut-Quote – Die Geschlechterverteilung an einem bestimmten Ort.

Broda – (1) Ein Bro, von dem man Weisheiten erfährt. – (2) Ein wirklich kleiner Bro.

Brodeln – Die Stimmung bei einer Zusammenkunft von Bros, wenn wirklich was los ist, zum Beispiel: »Ricky hatte die Paintball-Arena für seine Geburtstagsfeier gemietet. Da hat es ganz schön gebrodelt.«

Brofession – Die Arbeit, der ein Bro nachgeht.

Broflation – (1) Ein sprunghafter Anstieg der weiblichen Erwartungen an die Männer. – (2) Ein sprunghafter Anstieg der Zahl der Männer auf einer Party oder in einem Lokal.

Brogerecht – Ein Wohnraum, der für den Besuch von Bros hergerichtet ist.

Brohltat – Eine selbstlose Tat, von einem Bro begangen oder einem solchen gewährt.

Broizid – (1) Mord an einem Bro. – (2) Einem Bro die Braut ausspannen.

Brolberei – Alberei unter Bros.

Brolekt – Die Sprache der Bros.

Broliferation – Übermäßiger Gebrauch des Wortes »Bro«.

Brollegen – Die Bros, mit denen man zusammenarbeitet.

Brolonne – Eine Reihe von Bros in ihren Fahrzeugen, meist auf dem Weg zu einer Party.

Bromail – Eine E-Mail zwischen Bros.

Brophylaxe – Versorgung eines Bro durch einen anderen Bro mit empfängnisverhütenden Mitteln.

Brora – Die Aura eines Bros.

Broschnick – Das Spiel Schere, Stein, Papier.

Brossar – Das Glossar des Brolekts.

Brostatus, Aberkennung des – Verlust der Brorechte auf Lebenszeit.

Browagen – Eines dieser bootartigen Dinger, die seitlich an Motorrädern hängen.

Browling – Bowlingspiel, an dem mehr als ein Bro teilnehmen.

Brozedur – Eine Reihe von Aufgaben, die ein Bro zu erfüllen hat. Nicht mit den Brolympischen Spielen zu verwechseln.

Dreier, flotter – Zwei Frauen, ein Mann.

Dreier, Teufels- – Zwei Männer, eine Frau.

Durststrecke – Eine längere Zeitspanne, in der ein Bro nicht zum Zuge gekommen ist.

EAK – Erinnerungsassistenz und/oder -korrektur.

Quid pro Bro – Sich für einen Gefallen revanchieren, indem man etwas richtig Gutes für einen Bro macht – nein, das nicht; so gut auch wieder nicht.

Rückfallrisiko – Ein gefährlicher Zeitraum nach einer Trennung, während dem beide Beteiligten vielleicht doch noch etwas miteinander anfangen könnten.

Schweigegebrot – Sich blöd oder stumm stellen, wenn eine Braut nach der Vorgeschichte eines anderen Bro oder nach dessen Aufenthaltsort fragt.

Wingman – Helfer beim Aufreißen von Frauen, Prügelknabe und bester Bro.

Wingwoman – weibliche Variante des Wingman, die zudem noch eine Braut ist.

LÖSUNG DES HALLOWEENRÄTSELS

	schlampiges Aschenbrödel	schlampige Schlampe	schlampiges Etwas	schlampige Nonne	21.42 Uhr	22.56 Uhr	0.03 Uhr	2.21 Uhr	
Wikinger	X	X	X		X	X		X	21.42 Uhr
Roosevelt	X		X	X		X	X	X	22.56 Uhr
Ninja		X	X	X	X		X	X	0.03 Uhr
Gandhi	X	X		X	X	X	X		2.21 Uhr
21.42 Uhr	X		X	X					
22.56 Uhr		X	X	X					
0.03 Uhr	X	X	X						
2.21 Uhr	X	X		X					

DAS PLAYBOOK

»Das Playbook ist ein Import aus den Vereinigten Staaten, den ich aus vollem Herzen empfehlen kann.«
Fidel Castro, ehemaliger Dikta–Premiermini–Präsi – na, dieser Typ mit der Zigarre und der albernen Kappe

»Wäre ich heute am Leben und spräche Englisch, dann läge das Playbook mit Sicherheit auf meinem Nachttisch. Danke, Barney.«
Dschingis Khan, Mongolenkrieger und dem Vernehmen nach Urahn eines Viertels der Menschheit (das wäre doch was fürs Nachmittagsfernsehn, fällt mir gerade ein)

»Es gibt mehr als 13 000 Gründe, warum man das Playbook lesen sollte.«
Warren Beatty, Hollywood- und Schlafzimmerlegende

»Was soll ich da empfehlen? Jetzt sag mir doch mal einer. Es geht doch um Spenden für mein Afrika-Wirtschaftsprogramm, oder?«
Bill Clinton, ehemaliger Präsident der USA

Das
PLAYBOOK

SPIELEND LEICHT MÄDELS KLARMACHEN

In einer Stunde Spiel erfährt man mehr über einen Menschen als in einem Jahr der Gespräche.

PLATON

Ich widme das Playbook jenen wunderbaren Geschöpfen, die das Herz eines jungen Mannes höher schlagen lassen, bei deren Anblick einem Mann mittleren Alters Freudentränen kommen und die einem alten Knacker ein Lächeln aufs Gesicht zaubern: den Möpsen.

INHALT

— ⚜ —

— ⚜ —

EINFÜHRUNG

Zuerst einmal: Danke, dass du dieses Buch gekauft hast! Wenn du auf die Idee kommst, dir so ein Buch zu kaufen, dann würde ich vermuten, dass du ein armseliger Wicht bist, der eine Anleitung braucht, um Frauen aufzureißen, oder du bist jemand, der nach ein paar neuen Einfällen sucht, mit denen er sein Repertoire aufpeppen kann – aber ich tippe eher auf »armseliger Wicht, der eine Anleitung braucht, um Frauen aufzureißen«.

Du stolperst auf ein Mädel zu und stammelst (die Stimme versagt dir, obwohl du zu Hause geprobt hast): »Gibst du mir deine Telefonnummer?« Die zitternden Hände hast du in die Hosentaschen gesteckt, weil du denkst, damit siehst du cool aus. Du bist angezogen wie ein zu groß geratener Achtklässler. Bisschen übergewichtig noch dazu. Mann, Junge, du bist ein ganz schöner Jammerlappen, was? Oh, und ich wette, du riechst auch nicht gut.

Das Schöne an der Sache ist, dass du nicht der Einzige bist, Ted. Es gibt Millionen von Versagertypen wie dich, überall, und anscheinend denkt ihr ja nicht mal daran, mit einer Frau ins Bett zu gehen. Aber all das wird sich jetzt ändern, denn mit den Ratschlägen des Playbooks könnt ihr jede ansprechen, die euch gefällt, und sie dazu bringen, dass sie mit euch schläft. Wie das geht? Indem das

Buch euch Selbstvertrauen schenkt, das Gefühl, dass ihr jemand seid, der etwas wert ist auf der Welt (obwohl das in Wirklichkeit wahrscheinlich nicht stimmt).

Noch einmal aufrichtigen Dank, dass du dieses Buch gekauft hast.

WAS IST DAS *PLAYBOOK*?

Das *Playbook* bietet ein breites Spektrum von Anmach-strategien, die auch den Könner zufriedenstellen. Dieses Buch beschreibt jeden Kniff, Trick, Dreh, jede Masche, Taktik, Strategie, jeden Kunstgriff, jeden Bluff, jede Gaunerei, mit denen ich je ein Mädel aufgegabelt habe – oder das noch zu tun gedenke. Und ab die Post. In einem Akt selbstloser Nächstenliebe gebe ich diesen Wissensschatz an euch weiter, und zwar in Form eines Ratgebers, dessen Vorschläge sich Schritt für Schritt um-setzen lassen.

Dieses Buch beschreibt mehr als 75 Methoden, mit denen sich garantiert jede Frau anbaggern lässt, auch von Leuten, die im Um-gang mit anderen Menschen nicht das geringste Geschick haben. Und das Schönste daran ist, dass die meisten dieser Maschen kei-nerlei Erfahrung und auch keine oder nur minimale Vorbereitung erfordern, sodass ihr sofort loslegen könnt. Oder beinahe, denn für 83 % der Tricks braucht ihr ein paar Meter Alufolie, manchmal auch mehr. Bevor ihr euch jetzt ins Getümmel stürzt, besorgt euch einen ordentlichen Vorrat, am besten im Baumarkt oder Großhandel.

Wo so viele andere Anleitungen zum Frauenaufreißen auf dem Markt sind, fragt ihr euch vielleicht, was am *Playbook* besonders ist.

Zunächst einmal stammt dieses Handbuch von mir, da wisst ihr auf Anhieb, was es wert ist. Zum Zweiten habe ich mit so vielen heißen Bräuten geschlafen, dass ich damit einen Linienflug überbuchen könnte (klar, mit etlichen davon auf einem Linienflug, was denkt ihr denn?), und nur ein einziges Mal habe ich Eyeliner und einen wirklich bescheuerten Hut gebraucht, damit das klappte ... und das auch nur, weil das betreffende Mädel seit 1983 im Koma gelegen hatte, da lag es auf der Hand, mich als Boy George zu verkleiden.

Das Letzte und Wichtigste ist, dass andere Verführungsratgeber »soziale Dynamik« predigen – man kränkt die Frauen, um ihre Aufmerksamkeit zu erlangen. Ich finde das abstoßend und frauenfeindlich. Statt dass es Frauen schlechtmacht, konzentriert sich das *Playbook* ganz auf die vielfältigen, großartigen, tief greifenden Veränderungen, die ihr an euch vornehmen könnt, um jede heiße Braut ins Bett zu kriegen.

WIE FUNKTIONIERT DAS *PLAYBOOK*?

Die Maschen in diesem Buch sind auf wissenschaftlicher Grundlage so gestaltet, dass sie den sexuellen Sinn von Frauen anregen, wodurch diese empfänglich für den Gedanken werden, mit einem vollkommen Fremden ins Bett zu gehen. Diese Strategie widerspricht allen konventionellen Erkenntnissen, denn seit Tausenden von Jahren wird Männern weisgemacht, Frauen hätten an Sex ohne Bindung kein Interesse. Man hat uns erzählt, an die Stelle ihres Geschlechtstriebs sei der Drang getreten, Kinder in die Welt zu setzen, Essen zu kochen und stets Ausschau nach der schicksten Handtasche aller Zeiten zu halten. Doch neue Forschungsergebnisse belegen, dass Frauen Sex nur so zum Spaß fast genauso geil finden wie ein Abendtäschchen von Christian Dior in weißem Kroko, 30 % reduziert.

Dank der Wissenschaft haben wir heute ein viel klareres Bild davon, was Frauen an einem Sexualpartner zu schätzen wissen. Nach Jahren intensiver Forschung (Forschung, die in die Tiefe ging) bin ich zu dem Schluss gekommen, dass es vor allem vier Faktoren sind, die Frauen sexuell erregen:

1. Geld
2. Ruhm
3. Verletzlichkeit
4. Emotionale und spirituelle Erfüllung

Natürlich kommt die Nummer 4 für uns nicht infrage. Eine Frau zu verführen, indem man sie auf emotionaler Ebene zufriedenstellt, ist schwierig, zeitaufwendig, und ehrlich gesagt, lohnt es sich nicht.

Deshalb versucht das *Playbook*, jemanden aus euch zu machen, der in den anderen drei Bereichen punktet. Wenn ihr euch jetzt fragt, warum ihr euch anders geben müsst, als ihr in Wirklichkeit seid, dann überlegt mal Folgendes: Wird eine Frau wohl eher mit einem Verlierer wie dir schlafen oder mit jemandem, der unter Wasser Bomben entschärft und dazu noch im Waisenhaus groß- geworden ist? Das sind Tatsachen, Mann!

Wenn wir einmal schematisch zusammenstellen, welche Eigen- schaften für eine Frau den sexuell anziehendsten Mann aller Zeiten ergeben, kommen wir auf das folgende Schaubild:

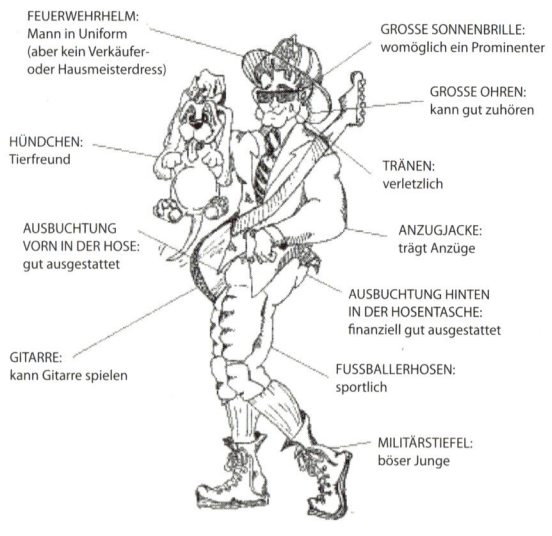

FEUERWEHRHELM:
Mann in Uniform
(aber kein Verkäufer-
oder Hausmeisterdress)

GROSSE SONNENBRILLE:
womöglich ein Prominenter

GROSSE OHREN:
kann gut zuhören

HÜNDCHEN:
Tierfreund

TRÄNEN:
verletzlich

AUSBUCHTUNG
VORN IN DER HOSE:
gut ausgestattet

ANZUGJACKE:
trägt Anzüge

AUSBUCHTUNG HINTEN
IN DER HOSENTASCHE:
finanziell gut ausgestattet

GITARRE:
kann Gitarre spielen

FUSSBALLERHOSEN:
sportlich

MILITÄRSTIEFEL:
böser Junge

WIE ARBEITET MAN MIT DEM *PLAYBOOK*?

Beim Blättern im *Playbook* werdet ihr feststellen, dass jede Masche in Form einer leicht umzusetzenden Gebrauchsanweisung beschrieben ist. Ich mache das, damit auch Nullen wie ihr eine Chance haben.

Unmittelbar unter dem Titel sind die wichtigsten Informationen zur ersten Einschätzung zusammengefasst:

Erfolgsquote – die Wahrscheinlichkeit, zum Zuge zu kommen

Zielgruppe – Frauentypen, die sich mit dieser Masche beeindrucken lassen

Voraussetzungen – Requisiten und/oder Fähigkeiten, die ihr braucht

Vorbereitungszeit – die Zeit, die ihr in diese Masche investieren müsst

Schwachpunkte – mögliche Risiken, die der Einsatz birgt, abgesehen von »kann komplett schiefgehen«

Auf die Grundinformationen folgt die Anleitung in nummerierten Schritten. Befolgt sie Wort für Wort, und ihr werdet im Bett landen. Vielleicht.

Bevor ihr jetzt eine der Beschreibungen aufschlagt und sie bei der Erstbesten ausprobiert, gibt es noch drei Dinge zu bedenken:

1) GANZ WICHTIG — DER RICHTIGE ORT

Die meisten dieser Maschen passen auf eine Party oder in eure Stammkneipe, aber ich würde vorschlagen, dass ihr als blutige Anfänger lieber erst mal anderswo experimentiert – wenn ihr je über das Experimentalstadium hinauskommen wollt. Ein Betatest in unbekannter Umgebung verhindert neben emotionalen oder körperlichen Folgeschäden vor allem, dass eure Bros sich hinterher über euch schieflachen.

2) VERRÜCKTE REQUISITEN

Manche Spiele erfordern Verkleidungen oder andere Accessoires, die man vielleicht nicht unbedingt im Haus hat. Deshalb hier der Rat, einen guten Draht zu einem Partyausstatter oder Kostümverleiher vor Ort zu finden. In einem anständigen Laden kann man die Sachen kostenlos oder für eine kleine Gebühr ausprobieren und muss sie nur rechtzeitig zurückbringen. Zum Zeichen der Dankbarkeit und Anerkennung solltet ihr sehr darauf achten, dass ihr die Sachen nicht beschädigt, auch dann nicht, wenn ihr zum Fenster eines Mädchens herausklettern müsst, das ihr gerade mit einem Trick dazu gebracht habt, mit euch zu schlafen. So etwas nennt man Anstand.

3) GESCHICKLICHKEITSGRADE

Für manche dieser Spiele braucht man ein beträchtliches Maß an Geschick, andere machen dagegen nicht die geringste Mühe ... wie etwa der arabische Prinz. Die Maschen im *Playbook* sind nach aufsteigendem Schwierigkeitsgrad angeordnet, mit Babyschritten zum Babymachen™. Das geschieht zu eurer eigenen Sicherheit. Wenn ihr eine anspruchsvollere Masche ohne die notwendige Erfahrung versucht, könntet ihr eure Chancen, im Bett zu landen, erheblich verschlechtern. Es ist wichtig, dass man sich über seinen Geschicklichkeitsgrad im Klaren ist, bevor man loslegt. Deshalb der folgende DEPP- (Daten zur Ermittlung des praktischen Potenzials) Test.

DEPP-TEST

(DATEN-ZUR-ERMITTLUNG-DES-PRAK-TISCHEN-POTENZIALS-TEST)

Beantworte die folgenden fünf Fragen, und sieh dann in der verdeckten Auflösung nach, um dein Spielerlevel zu ermitteln.

1. Was sagst du als Erstes, wenn du ein Mädel siehst?
   A. »Ich bin der Größte.«
   B. »Hallo. Wie geht's?«
   C. »Boaaaaaaaaaaaaaaaaaah!«

2. Wenn du ausgehst, trägst du in der Regel
   A. einen Anzug. Was denn sonst.
   B. Hemd mit Kragen, Designerjeans, dezente Schuhe – nichts zu Auffälliges.
   C. Jeans mit Fettflecken, Sandalen, T-Shirt mit ungeheuer komischem Aufdruck.

3. Eine Frau kommt zu dir zu Besuch. Du
   A. sorgst dafür, dass die Schlampe von letzter Nacht so schnell wie möglich verschwindet.
   B. hältst dich ran, damit du alles noch sauber machen und die Pornohefte verstecken kannst.
   C. bittest deine Eltern, dass sie sich diesmal wirklich an das ›Bitte nicht stören‹-Schild halten, das du an die Tür hängst.

4. Mit wie vielen Frauen warst du schon zusammen?
   A. Also bitte.
   B. Das möchte ich lieber nicht sagen.
   C. Na, so 'ne Million ungefähr.

5. Auf dem Bild oben würdest du am ehesten
   A. dich an dieses bildhübsche Mädel ranmachen.
   B. bei deinen Bros sitzen und darüber diskutieren, welches Mädel man anbaggern soll und wie – eine Diskussion, die weitergeht, bis die Bar zumacht.
   C. nicht abgebildet sein. Eigentlich wolltest du ja mit deinen Bros ausgehen, aber dann hat sich in World of Warcraft ein sagenhaftes Einzelmatch ergeben ... und du hättest mit nur einem einzigen Glanz des Verteidigers (Mungozauber) haushoch über diesen Anfänger gewonnen, wenn nicht gerade in dem Augenblick der Server abgestürzt wäre.

Gib dir für jede A-Antwort fünf Punkte, drei Punkte für jedes B und einen für jedes C.

PUNKTE	LEVEL
23-25	Don Juan
16-22	Don Johnson
10-15	Don Quijote
5-9	Don Ald

GESCHICHTE
DES *PLAYBOOK*

Die Maschen, die hier versammelt sind, entspringen alle dem unvergleichlichen Geist von Barney Stinson, aber die Sache als solche ist natürlich nicht neu. Die Frage, wie sie Frauen rumkriegen können, beschäftigt Männer seit den Anfängen der Menschheit. Den Beweis sieht man auf prähistorischen Höhlenmalereien.

Die Höhlenmänner kamen zum Beispiel von der Jagd zurück und trugen einen von ihren Kumpels, Urk, auf den Schultern. Mit Gestensprache stellten sie dann nach, wie Urk auf dieser gefährlichen Jagd furchtlos einem Säbelzahntiger oder Mastodon oder Triceratops oder was auch immer auf den Rücken gesprungen war. Damit die anderen ihnen die Geschichte auch glaubten, malten sie mit Holzkohle und Ocker Bilder an die Wand.

Dank der Hilfe seiner Bros vernaschte Urk an diesem Abend die schnuckeligste Steinzeitfrau, während die anderen per Schnick-Schnack-Schnuck entschieden, wer der Held des folgenden Tages werden sollte (Urk war frühestens nach einer Woche wieder dran). Auf der nächsten Jagd erlegten die Männer dann wieder gleich zu Anfang ein Tier und verbrachten den Rest des Tages damit, den abendlichen Jagdbericht in allen Einzelheiten einzustudieren, sowie

mit Diskussionen darüber, welche Braut angezogen wohl am besten aussehen würde. Die Höhlenbewohner pflegten den Mythos der Ganztagesjagd aus zweierlei Grund:

Einer unter ihnen zog das große Los, und die anderen bewahrte es vor einem Tag voller Beerensammeln und Gezeter.

Der »Große Jäger« ist so alt wie der »Ja, ich habe das Feuer erfunden«, aber er ist nicht die älteste Masche aller Zeiten. Die ist und bleibt »Ich liebe dich« – was natürlich, bevor die Sprache erfunden wurde, eine viel komplexere Aussage war.

Erstaunlicherweise finden wir den nächsten Versuch, Verführungstricks zu dokumentieren, erst im 13. Jahrhundert, wo Mönche ihr ganzes Leben damit verbrachten, Sexgeschichten aufzuschreiben – in illustrierten Manuskripten! Leider wurden sie allesamt von wütenden Nonnen zerstört.

Aber Barney, warum sollten denn Mönche ihr ganzes Leben damit zubringen, sich zu überlegen, wie sie Frauen ins Bett kriegen könnten, wo sie doch ein Keuschheitsgelübde abgelegt haben?

Ich glaube, die Frage hast du dir gerade selbst beantwortet, du eingebildeter Leser.

MASCHE	SPIELER	JAHR	DER TRICK
Das Königliche Begräbnis	Tutench-amun	1323 v. Chr.	»Stirbt« jung und wird mit Bergen von Gold begraben: Nichts lockt so sehr die Mädels an.
Der Große Nachname	Alexander der Große	325 v. Chr.	Erobert weite Teile der bekannten Welt, lässt eine ganze Legion wütender Väter zurück und wird so zum Inbegriff des »bösen Jungen«.
Der Quetzalcoatl	Hernán Cortés	1519	Überzeugt die Frauen des Aztekenreiches davon, dass er ein Gott ist, indem er ihnen seinen strahlenden Helm zeigt.
Der Armselige Mensch	Galileo Galilei	1610	Richtet sein Teleskop zum Himmel, um den Mädels klarzumachen, wie unendlich klein wir sind – warum dann nicht gleich ab in die Kiste?
Der Große Kompromiss	Roger Sherman	1787	Entwickelt das Zweikammernsystem, um im US-Parlament einen Ausgleich zwischen großen und kleinen Staaten zu schaffen; vor allem aber verdreifacht dies die Zahl süßer junger Sekretärinnen, die in jeder Wahlperiode nach Washington kommen.
Der Ich-Komplex	Napoleon	1811	Erschleicht sich die Sympathie von Frauen in ganz Europa, indem er ihnen weismacht, er habe den halben Kontinent nur erobert, weil er sich seiner geringen Größe wegen schämt.

Der Spirit von St. Louis	Charles Lindbergh	1927	Erzählt der ganzen Welt, Fliegen sei furchtbar gefährlich, und sorgt so für Generationen verängstigter und leicht zu beeinflussender weiblicher Fluggäste. Posthum zum Präsidenten des Mile-High-Clubs gemacht.
Der Gandhi	Mahatma Gandhi	1932	Rasiert sich den Schädel, setzt eine Brille auf und tritt dann aus Protest gegen irgendwas in Hungerstreik. Dieselbe Masche findet sich ein halbes Jahrhundert später als Der Bono.
Der »Der Adler ist gelandet«	Neil Armstrong	1969	Bringt Millionen Mädels dazu, ihm zu glauben, dass er tatsächlich auf dem Mond war – und dort spazieren gegangen ist. Ein Klassiker.
Der »Ich bin George Clooney«	George Clooney	1997	Wird gutaussehender Filmstar.

BARNEDICTIO

An die Arbeit, Jungs.

Jetzt, wo wir gemeinsam auf diese neue Reise gehen, vergesst nicht, dass das *Playbook* nur den Rahmen absteckt. Seid mit eurer ganzen Persönlichkeit dabei, lasst bei jeder einzelnen Runde euren Einfallsreichtum spielen. Wie ein kluger Mann gesagt hat: Der Weg ist das Ziel. Ihr seid zwar in diesem Fall ganz bestimmt meiner Meinung, dass das Ziel doch wichtiger ist als der Weg, aber das heißt nicht, dass ihr nicht auch unterwegs Spaß haben sollt.

Im Laufe eurer Abenteuer verspürt ihr vielleicht den Drang, eigene Maschen zu entwickeln. Ich möchte euch dazu ausdrücklich ermuntern, und dann schickt ihr sie an barneysblog.com. Wir sollten uns als eine Gemeinschaft Gleichgesinnter verstehen, bei der jeder aus den Erfahrungen des anderen lernen kann. Wenn ihr eine neue Methode entdeckt, Frauen ins Bett zu bekommen, glaubt mir, dann interessiert mich das, und ich werde sie bestimmt nicht stehlen und als meine eigene ausgeben und in *Playbook 2* veröffentlichen, ebenfalls von Barney Stinson.

Noch eine letzte Anmerkung. Es kann passieren, dass euch bei euren Experimenten plötzlich das heulende Elend packt, dass ihr euch wieder wie die armseligen Wichte fühlt, die ihr wart, bevor ihr das *Playbook* gelesen habt. Das ist nicht weiter schlimm, denn ihr werdet zwar nie eine so gute Figur machen wie ich, doch schon in der nächsten Runde kann euch das Glück hold sein. Das ist ja das Schöne am *Playbook* – jede neue Seite bringt euch neue Hoffnung, dass ihr ein Mädel rumkriegt, das dann mit euch in die Kiste steigt. Es sei denn, es ist die letzte Seite. Dann habt ihr wirklich Pech gehabt. Bis ich mein nächstes Buch schreibe.

BARNEY STINSON

RECHTLICHER HINWEIS

Jede Masche in diesem Buch bringt euch in die perfekte Startposition zum Erfolg, doch der Verlag kann einen solchen Erfolg nicht garantieren. Wie das alte Sprichwort sagt: Man kann eine Stute zum Wasser führen, aber man kann sie nicht dazu zwingen, dass sie damit schläft.

Maschen für Anfänger

(Don Ald)

DIE

ƧNASA

Erfolgsquote	13 %
Zielgruppe	Mädels, die Mondstaub im Schädel haben
Voraussetzungen	keine, obwohl ein Helm nicht schaden kann
Vorbereitungszeit	T minus zero!
Schwachpunkte	Wenn eine blöd genug ist, auf »SNASA« reinzufallen, weiß sie vermutlich auch nicht, was die NASA ist.

DIE MASCHE

1. Such dir ein besonders unterbelichtetes Exemplar aus – und ich spreche hier nicht vom Fotografieren.
2. Zeig auf dein Glas und sag, dass du oben im All ja nur Fanta trinken darfst. Wenn sie fragt, ob du etwa Astronaut bist, sag ihr sofort, sie solle still sein. Blick dich um, dann flüsterst du, dass du ihr das eigentlich nicht sagen darfst, aber du arbeitest in einer hochgeheimen Regierungsstelle, der Secret NASA ... oder SNASA.
3. Biete an, ihr zu zeigen, wie das mit dem Wiedereintritt funktioniert, wenn du vom Smond zurückkommst.

DER

TODESKANDIDAT

Erfolgsquote	50 %
Zielgruppe	geborene Krankenschwestern
Voraussetzungen	ein ordentlicher Husten
Vorbereitungszeit	keine!
Schwachpunkte	Du forderst die ganze Welt auf, dir in den Hintern zu treten.

DIE MASCHE

1. Lass dich an einem öffentlichen Ort nieder und huste, was das Zeug hält. Mach es so schleimig wie möglich, so als ob du durch einen Waschlappen schnaufst oder als wolltest du vormachen, wie Meat Loaf sich die Schnürsenkel bindet.

2. Huste weiter, bis sich eine lohnende Zielperson einstellt und fragt, was dir fehlt.

3. Tu, als wolltest du tapfer sein, aber es geht nicht, dir kommen die Tränen, und du gestehst ihr, dass du nur noch eine einzige Woche zu leben hast.

4. Jetzt sag ihr, das Schlimmste daran ist, dass du diese Erde verlassen musst, bevor du auch nur ein einziges Mal einer Frau nähergekommen bist. Sag das mit treuen Hundeaugen, und damit sollte die Sache geritzt sein.

ANMERKUNG

Lass dich nicht zu detaillierten Angaben über deine Krankheit hin-
reißen, denn das wird verdammt schnell verdammt deprimierend. Gib
ihr nur zu verstehen, dass du nicht mehr lange zu leben hast, dass es
nicht ansteckend ist und dass dein Schwanz davon anschwillt und so
hart wird wie ein marktfrischer Zucchino.

DAS

BLIND DATE

Erfolgsquote	22 %
Zielgruppe	Mauerblümchen, Trauerklöße
Voraussetzungen	eine einzelne Rose
Vorbereitungszeit	keine!
Schwachpunkte	Rosen haben Dornen – autsch!

DIE MASCHE

1. Komm mit einer einzelnen Rose in dein Stammlokal, nähere dich einem Mädel und frag: »Bist du Lisa?« Wenn sie den Kopf schüttelt, wiederhole diese Prozedur bei allen passenden Kandidatinnen.

2. Nach ein paar Versuchen setzt du dich hin und bläst Trübsal, bis eine der Zielpersonen zu dir kommt und fragt, was los ist. Das ist für dich das Stichwort, ihr zu erzählen, dass dein Blind Date dich versetzt hat.

3. Wenn sie dir mit einem »Ooooch« eine halbe Umarmung schenkt, bei der sie sorgfältig darauf achtet, dass ihre Brüste dich nicht berühren, jammere, wie schwer es ist, sich heutzutage mit einem Mädchen zu verabreden ... gerade für Milliardäre wie dich.

4. Schlafe mit ihr.

DER

TRINK-DAS-NICHT!

Erfolgsquote	45 %
Zielgruppe	Mädels, die nicht auf Drogen stehen
Voraussetzungen	gute Auge-Hand-Koordination
Vorbereitungszeit	keine
Schwachpunkte	35%ige Aussicht auf einen Tritt in den Hintern

DIE MASCHE

1. Fasse die Zielperson ins Auge, und im Moment, in dem sie ihr Glas an die Lippen führt, spring hin und rufe: »Trink das nicht! Ich habe gesehen, wie dir jemand da was reingetan hat.«

2. Wenn sie fragt, wer es war, sieh dich um, und zeig auf den kleinsten Kerl im Lokal oder auf einen Bro, dem du einen Streich spielen willst.

3. Ernte den Lohn dafür, dass du ihr das Leben gerettet hast.

DER

RUMSPRINGA

Erfolgsquote	80 %
Zielgruppe	»erfahrene Frauen«, gottlose Gören
Voraussetzungen	zottiger Bart, schlecht sitzender Anzug, Name aus dem Alten Testament
Vorbereitungszeit	die Zeit, die der Bart zum Wachsen braucht
Schwachpunkte	• Du musst einen schlecht sitzenden Anzug ohne Reißverschluss tragen. • Handy muss gut versteckt sein • Hatte ich den Anzug erwähnt?

DIE MASCHE

1. Lass dir einen Bart stehen.
2. Den Bereich zwischen Oberlippe und Nase rasierst du aus.
3. Zieh einen schlecht sitzenden Anzug an, aber keine Krawatte, und statt Gürtel trägst du Hosenträger. Würg!
4. Nähere dich der Zielperson, und erklär ihr, dass du zu den Amischen gehörst und auf deinem Rumspring bist – die Zeit der Freiheit vor Beginn des Erwachsenenlebens. Du willst noch mehr über die Englischen erfahren, bevor du zu deinem einfachen und bescheidenen Leben zurückkehrst.
5. Schlafe mit ihr.

- Sie sieht dich als unbeschriebenes Blatt, das sie vorübergehend zu ihrem Spielzeug machen kann.
- Sie wird davon ausgehen, dass du als gläubiger Mensch einen ausgeprägten Sinn für das Spirituelle hast und dir deswegen daran liegt, dass auch sie zum Höhepunkt kommt.
- Gelegenheit, mal richtig die Schlampe zu spielen. Da du nach dem Rumspringa in dein Amischdorf zurückkehrst, ist kaum zu befürchten, dass ihre Freundinnen davon erfahren. Ich meine, schließlich verabscheuen deine Leute jede moderne Kommunikationstechnik, da ist nicht zu erwarten, dass das Video, das du von ihr gemacht hast, plötzlich im Internet auftaucht. Zwinker.

ANMERKUNG

Der Rumspringa funktioniert auch mit anderen Glaubensgemeinschaften. Wir haben die Amischen hier als Beispiel genommen, aber das Gleiche gilt für jede religiöse Gemeinschaft oder Gruppe von Menschen, bei denen eine Reise den Eintritt ins Erwachsenenalter markiert. Hier ein paar *rites de passage*, mit denen du bei den Mädels Eindruck machen kannst.

GEMEINSCHAFT ODER GLAUBE	INITIATIONSRITUS
Mormonen	Mission
australische Aborigines	Walkabout
Theravada-Buddhismus	Shinbyu
Sioux	Visionssuche
Scientology	denk dir was aus

DER

TERMINATOR

Erfolgsquote	60 %
Zielgruppe	Mädels, die auf böse Jungs stehen
Voraussetzungen	Trockeneis
Vorbereitungszeit	weniger als eine Minute
Schwachpunkte	• Man muss relativ gut in Form sein. • Man muss vor anderen Kerlen nackt herumlaufen. • relativ hohe Festnahmequote

DIE MASCHE

1. Geh mitten in einer Bar oder während einer Party in die Hocke, und aktiviere dein Trockeneis.
2. Zieh dich rasch splitternackt aus.
3. Während die Nebelwolken sich verziehen, erhebst du dich ganz langsam, gehst mit festen Schritten auf die Zielperson zu und sagst: »Ich komme aus der Zukunft, um dich zu schützen.«
4. Schlafe mit ihr.

DER

TOLLE HECHT

Erfolgsquote	100 %
Zielgruppe	sämtliche Frauen
Voraussetzungen	ausdrucksvolles Gesicht, Körper eines Leistungsschwimmers
Vorbereitungszeit	keine
Schwachpunkte	unfair

DIE MASCHE

1. Sei wirklich attraktiv.

2. Hab Sex mit den Mädels.

DER
ENTLAUFENE STRÄFLING

Erfolgsquote	90 %
Zielgruppe	Mädchen, die den Gedanken aufregend finden, ihren Mann im Gefängnis zu besuchen
Voraussetzungen	Fußeisen
Vorbereitungszeit	keine!
Schwachpunkte	leichte Hautabschürfungen durch Fußeisen

DIE MASCHE

1. Nähere dich der Zielperson, und wirf dabei aus Versehen ihre Handtasche oder ihr Telefon zu Boden. Während du dich bückst, um die Sachen aufzuheben, hältst du demonstrativ inne und stellst dabei deine Fußeisen zur Schau.

2. Hastig erzählst du ihr im Flüsterton, dass du eben erst ausgebrochen bist, und flehst sie an, dich nicht zu verraten. Sie haben dich zu Unrecht wegen eines Bagatellverbrechens ins Gefängnis gesperrt, und jetzt kannst du nicht mehr dorthin zurück. Du bist ja überhaupt nur ausgebrochen, um deine neugeborene Tochter zu sehen, aber deine Exfrau, diese Hexe, hat es dir nicht erlaubt, obwohl du dafür durch die Kanalisation gekrochen bist. Du solltest an dieser Stelle dazusagen, dass du seither geduscht hast.

3. Jetzt, wo klar ist, dass du ein echter Kerl mit einem Herzen aus Gold bist, fragst du sie, ob du bei ihr »unterkriechen« kannst.

DER

EUROPÄER

Erfolgsquote	99° Celsius
Zielgruppe	Mädels, die sich für besonders smart halten
Voraussetzungen	merkwürdiger Akzent
Vorbereitungszeit	keine!
Schwachpunkte	kann sein, dass du so tun musst, als ob du Fußball magst

DIE MASCHE

1. Nähere dich der Zielperson, und stell dich vor. Sprich mit merkwürdigem Akzent, so als ob du einen Eiswürfel im Mund hättest oder als ob du Stephen Hawkings Roboterstimme wärst.
2. Schlafe mit ihr.

WIESO FUNKTIONIERT DAS?

Frauen glauben instinktiv, Europäer seien gefühlvoller, stilvoller und intelligenter als Amerikaner. Allem Anschein nach sind das Eigenschaften, die von Frauen geschätzt werden.

DER

OLYMPIONIKE

Erfolgsquote	50 %
Zielgruppe	Patriotinnen
Voraussetzungen	Trainingsjacke, Hafer-Rosinen-Plätzchen
Vorbereitungszeit	vier Minuten
Schwachpunkte	nur zu bestimmten Zeiten einsetzbar

DIE MASCHE

1. Alle zwei Jahre finden während eines Zeitraums von drei Wochen die Olympischen Spiele statt. Vergewissere dich, dass deine Aktion während dieser Zeit stattfindet.

2. Schreibe mit Isolierband die Buchstaben U, S und A auf den Rücken deiner Trainingsjacke ... am besten in dieser Reihenfolge.

3. Wickle das Hafer-Rosinen-Plätzchen in Alufolie, und binde ein Band daran, sodass es wie eine Medaille aussieht.

?: *Warum muss es ein Hafer-Rosinen-Plätzchen sein?*

!: Na, weil die lecker sind!

4. Zieh die Jacke an und betrete, mit deiner Silbermedaille um den Hals, eine Bar. Wenn sich Zielpersonen um dich scharen und sich nach der Medaille erkundigen, winkst du ab. Du redest nicht gern darüber, weil du gerade haarscharf die Goldmedaille im _____ (entnimm der Liste unten eine echte olympische Disziplin, von der aber niemand eine Ahnung hat) verpasst hast.

5. Wähle eine Zielperson aus, und steige aufs Treppchen.

ANMERKUNG

Wenn ihr den Olympioniken in den nächsten fünf Jahren anwendet, habt ihr entweder an den Sommerspielen in London 2012, an den Winterspielen in Sotschi 2014 oder den Sommerspielen in Rio de Janeiro im Jahr 2016 teilgenommen.

ECHTE DISZIPLINEN DER OLYMPISCHEN WINTERSPIELE	ECHTE DISZIPLINEN DER OLYMPISCHEN SOMMERSPIELE
Skispringen	Segeln
Freestyle-Skiing	Tischtennis (nicht empfohlen)
Nordische Kombination	Bogenschießen
Curling (nicht empfohlen)	Judo
Bobfahren	Kanurennsport
Skeleton	Trampolinspringen
Rennrodeln	Handball
Biathlon	Badminton (nicht empfohlen)
Eisschnelllauf	Fechten

DER

$\mathscr{S}$CHRIFTSTELLER

Erfolgsquote	18 %
Zielgruppe	Frauen,die lesen
Voraussetzungen	keine!
Vorbereitungszeit	keine!
Schwachpunkte	Frauen, die lesen

DIE MASCHE

1. Treib dich an einem öffentlichen Ort herum, bis du eine passende Zielperson findest, die in einem Buch liest.
2. Nähere dich und frag sie, wie ihr das Buch gefällt, und während sie antwortet, wirf einen Blick auf den Umschlag, und merk dir den Namen des Verfassers.
3. Wenn sie antwortet, dass es ihr gefällt, streck ihr die Hand entgegen, und stell dich als Verfasser vor.
4. Geh mit ihr nach Hause zu vertiefender Lektüre.

ANMERKUNG

Wenn der Autor so gemein ist und nur seine Initialen als Vornamen nennt, brich die Unternehmung ab. Es besteht die Gefahr, dass der Verfasser entweder weiblich oder tot ist, und das verkompliziert die Sache außerordentlich.

DER

ROBOTER

Erfolgsquote	50 %
Zielgruppe	Sci-Fi-Mädels, andere Roboter
Voraussetzungen	Öl
Vorbereitungszeit	keine!
Schwachpunkte	Die Roboterstimme ist hinterher schwer wieder loszuwerden.

DIE MASCHE

1. Nähere dich steif der Zielperson ... ich meine, mit unelastischen, mechanischen Schritten.

2. Lege deinen Kopf in allen erdenklichen Winkeln schief, und starre sie dabei an.

3. Wenn sie dir nicht jetzt schon eine knallt, frag sie mit schnarrender Stimme: »Was ist Liebe?«

4. Bevor sie die Flucht ergreift, erkläre ihr, dass du ein Roboter bist, der sich eben erst seiner selbst bewusst geworden ist, und dass du gerade von einer geheimen Militärbasis geflohen bist. Jetzt musst du erst einmal die merkwürdigen Vertraulichkeiten zwischen den Menschen verstehen lernen.

5. Wenn sie noch nicht angebissen hat, lass sie wissen, dass deine pneumatische Ölpumpe mit 2800 Stößen pro Minute arbeitet.

DER

LEGIONÄR

Erfolgsquote	50 %
Zielgruppe	Patriotinnen
Voraussetzungen	versonnener Blick in die Ferne
Vorbereitungszeit	keine!
Schwachpunkte	• nicht gerade der fantasievollste Trick • leicht zu entlarven, gerade in Friedenszeiten • kann durch absurde Verwicklungen dazu führen, dass du tatsächlich in den Krieg ziehst

DIE MASCHE

1. Frag die Zielperson, ob du ihr einen Drink spendieren darfst. Wenn sie annimmt, erwähne beiläufig, dass du morgen zur Armee gehst.

2. Schlafe mit ihr.

3. Geh zur Armee. Ja, was denkst du denn? Hast du wirklich geglaubt, du könntest so tun, als ob, und nur einfach unsere vaterlandstreuen Mädchen vernaschen, ohne dass du dann die Zähne zusammenbeißt und die Uniform anlegst wie so viele tapfere Männer und Frauen vor dir? Das könnte dir so passen, du Stinkstiefel. Das Privileg (jawohl, Privileg! – Schließlich darf das nicht jeder Dahergelaufene), einer echten Patriotin an den

46

Po zu greifen, das gebührt nur, nur, den heldenhaften Jungs und Mädels, die in der Kaserne und an der Front ihren Dienst leisten. Warum? Weil sie sich das verdient haben, Soldat Ryan. Die haben sich das verdient.

DER
KLEINE WAISENJUNGE

Erfolgsquote	10 %
Zielgruppe	späte Mädchen, Pflegemütter
Voraussetzungen	Geduld – du hast nur zweimal im Jahr die Chance.
Vorbereitungszeit	keine!
Schwachpunkte	Es ist schneller wieder Muttertag, als man denkt.

DIE MASCHE

1. An Mutter- oder Vatertag machst du dich auf den Weg zu deiner üblichen Bar. Geh zu einem Mädel, und frag sie, ob sie ihrer Mutter/ihrem Vater einen schönen Mutter-/Vatertag gewünscht hat. Wenn sie fragt, ob du denn deine Mutter/deinen Vater angerufen hast, sagst du: »Ich habe keine Mutter/keinen Vater mehr.«

2. Jetzt, wo sie sich richtig schlecht fühlt, sag ihr, dass du ein Waisenjunge bist – ja, du bist im Waisenhaus groß geworden. Deshalb ist eine eigene Familie, in der du einmal ein großartiger Vater wirst, dein sehnlichster Traum. Oh, und natürlich soll auch die Frau dabei auf ihre Kosten kommen und so weiter.

3. Nachdem du mit ihr geschlafen und dich nie wieder gemeldet hast, kannst du nur hoffen, dass sie nicht mit einem vaterlosen Kind dasitzt, denn das wäre nun wirklich grausame Ironie.

DER

FEUERWEHRMANN

Erfolgsquote	25 %
Zielgruppe	Mädels aller Art
Voraussetzungen	vielleicht ein Dalmatiner?
Vorbereitungszeit	keine!
Schwachpunkte	Leider wirst du kein echter Feuerwehrmann – das wäre doch cool!

DIE MASCHE

1. Sag der Zielperson, du seist Feuerwehrmann.
2. Spritze raus, Hahn auf, volles Rohr.

ANMERKUNG

Sich als Feuerwehrmann auszugeben ist mit beträchtlichen Risiken verbunden.

- Es ist wahrscheinlich irgendwie strafbar, sogar an Halloween.
- Es könnte ein Feuer ausbrechen, oder eine Katze kommt nicht mehr vom Baum, und dann erwarten alle von dir, dass du weißt, was zu tun ist.
- Ein echter Feuerwehrmann könnte dich dabei erwischen, wie du dich als Feuerwehrmann ausgibst, und dir kräftig in den Hintern treten.
- Eventuell musst du Hosenträger tragen.

OPA WONKA

Erfolgsquote	ungefähr so hoch wie die Wahrscheinlichkeit, ein Goldenes Ticket zu finden
Zielgruppe	Mädels mit einer Schwäche für Süßes
Voraussetzungen	Taschen voller Süßigkeiten
Vorbereitungszeit	keine!
Schwachpunkte	kann sein, dass du plötzlich singen musst

DIE MASCHE

1. Wähle eine Zielperson, und stell dich ihr als [dein echter Vorname] J. Wonka vor. Ob sie nun fragt oder nicht, du nickst vielsagend und fügst hinzu: »Ja, wie Willy Wonka. Der war mein Opa.«

2. Gib ihr zu verstehen, dass du Alleinerbe bist und so viele Süßigkeiten bekommen kannst, wie du willst. Ja, du hast sogar ein Himmelbett aus Gold und Schokolade. Wenn sie will, kann sie es sich ansehen.

3. Genieße es, wie der Blutzuckerspiegel steigt.

Deswegen.

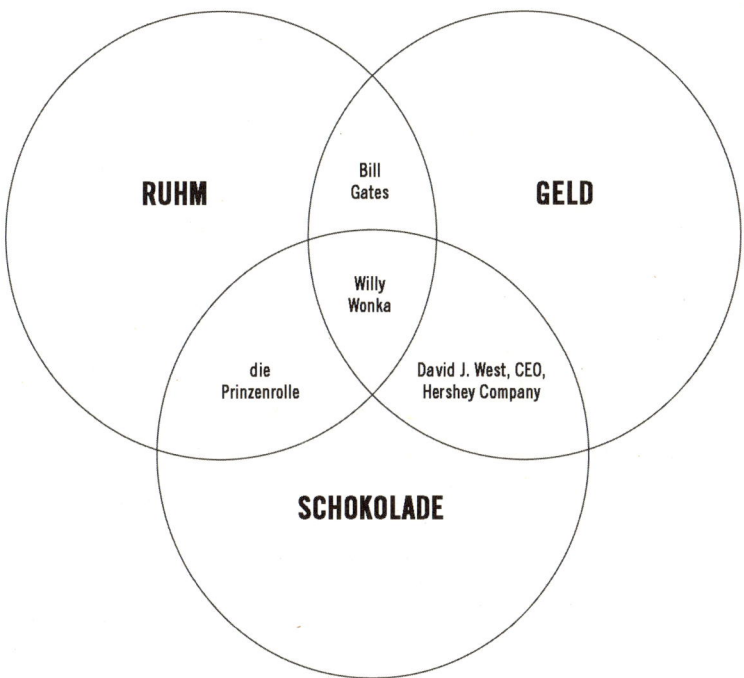

Was macht Frauen an?

DER
NACKTE MANN

Erfolgsquote	66,66… %
Zielgruppe	alle
Voraussetzungen	Mumm – in den Knochen und auch anderswo
Vorbereitungszeit	ein paar Stunden
Schwachpunkte	33,33… % aller Versuche werden echt schlecht … ausgehen.

DIE MASCHE

1. Wähle eine Zielperson, und sorg dann mit allen legalen Mitteln dafür, dass du zu ihr nach Hause kommst. Beliebte Tricks sind u. a.

- Mein DVD-Player hat den Geist aufgegeben. Meinst du, wir können uns *Let's Dance* bei dir zu Hause ansehen?
- Mein blöder Zimmergenosse hat diese Schlampe zu uns eingeladen, die aussieht wie deine schärfste Konkurrentin am Gymnasium oder an der Uni bzw. dieses Biest, das dich auf der Arbeit triezt. Ich wünschte, ich wüsste, wo ich die nächsten paar Stunden bleiben kann …
- Wenn man so wie ich den ganzen Tag damit verbringt, Wohnungen auf tödliches Radon zu untersuchen, das ja, wie du weißt, geruchlos und nur mit Fachkenntnissen überhaupt zu

entdecken ist, dann ist man froh, wenn man sich mal ausruhen kann.

2. Wenn ihr bei ihr zu Hause seid, ziehst du dich, sobald sie das Zimmer verlässt, sofort splitternackt aus. Du legst sozusagen alles auf den Tisch ... aber lege es nicht wirklich auf den Tisch aus. Schließlich isst sie davon.

3. Wenn sie zurückkommt und dich in deiner ganzen Pracht sieht, garantiere ich dir, werden zwei von drei Mädchen keine Sekunde lang zögern. Zwei von dreien.

Pistole-auf-Die-Brust

Erfolgsquote	25 %
Zielgruppe	keine Ahnung …
Voraussetzungen	dickes Fell – außerdem sollte es mindestens 2 Uhr morgens sein
Vorbereitungszeit	keine!
Schwachpunkte	hohe Ohrfeigenrate

 **DIE MASCHE**

1. Nähere dich einer passenden Zielperson.
2. Frag sie, ob sie mit dir schlafen will.
3. Wiederhole Punkt 1 und 2 so lange, bis eine Ja sagt, keine Frauen mehr da sind oder du von einem Wodka Cranberry vorübergehend das Bewusstsein verlierst.

DER

DER-KOMMT-NICHT

Erfolgsquote	5 %
Zielgruppe	erst vor Kurzem verlassene Geliebte
Voraussetzungen	Empire State Building; wohltönende Stimme in der Art von Cary Grant
Vorbereitungszeit	Anreise nach New York
Schwachpunkte	• geringe Erfolgsquote • kann zeitaufwendig sein • wird ziemlich kalt da oben

DIE MASCHE

1. Reise nach New York, und begib dich zur Aussichtsplattform des Empire State Building.
2. Geh zu jedem Mädchen, das du siehst, und sag mit Grabesstimme: »Der kommt nicht.«
3. Wiederhole Schritt 2, bis ein Mädchen den Kopf an deine Schulter legt und in Tränen ausbricht.
4. Bingo!

WIESO FUNKTIONIERT DAS?

Schon seit Generationen gilt die Aussichtsplattform des Empire State Building als der Treffpunkt, an dem zerstrittene Liebespaare sich noch einmal treffen. Wenn einer der alten Liebhaber ein paar Minuten zu spät kommt, lässt sich da leicht etwas machen.

Maschen für den Amateur

(DON QUIJOTE)

DER
MEIN-PENIS-ERFÜLLT-WÜNSCHE

Erfolgsquote	10 %
Zielgruppe	Romantikerinnen, Dummchen und (merkwürdigerweise) Englischlehrerinnen
Voraussetzungen	wallender Umhang, Krummschwert, Turban, Penis
Vorbereitungszeit	so lange, wie man braucht, um aus Pappe und Alufolie ein Krummschwert zu basteln
Schwachpunkte	könnte von manchen Mädels aus dem Nahen Osten als Kränkung empfunden werden

DIE MASCHE

1. Mach dich als arabischer Prinz zurecht, und begib dich dann in deine übliche Bar.
2. Wähle eine Zielperson, und frag sie, ob sie schon von Aladins Wunderlampe gehört hat, aus der ein Geist aufsteigt, wenn man daran reibt. Sie hat. Jetzt sag ihr, dass der Geist nach einem bedauerlichen Unfall mit dem fliegenden Teppich nun in deinem Penis residiert.
3. Wenn sie an dieser Stelle fragt, ob sie noch weitere Wünsche frei hat, kann's losgehen.

DER

JORGE POSADA

Erfolgsquote	44 %
Zielgruppe	Prominentengeile, Sportgroupies
Voraussetzungen	Man muss schon athletisch aussehen.
Vorbereitungszeit	zwei Spielrunden
Schwachpunkte	könnte auch Kerle anziehen

DIE MASCHE

1. Komm in deine Stammkneipe gewatschelt, und nähere dich deiner Zielperson. Damit sie dir eher glaubt, dass du Fänger in einer Baseballmannschaft bist, solltest du gehen, als ob du mit den Oberschenkeln einen wassergefüllten Ballon festhältst, oder wie auf dem klassischen Kein-Klopapier-Sprint zwischen zwei Kabinen.

2. Erwähne beiläufig, dass dir nach dem gestrigen Spiel noch ein wenig die Knochen wehtun, und wenn sie nachfragt, erklärst du ihr, dass du Fänger im nächstgelegenen Profiteam bist.

?: *Wird sie denn nicht merken, dass ich das nicht bin?*
!: Ach was. Fast während des gesamten Spiels tragen Fänger eine Maske, und kein Mensch weiß, wie sie im wirklichen Leben aussehen.

3. Schlafe mit ihr.

ANMERKUNG

In Kanada funktioniert das mit Hockey-Torhütern.

? : *Aber sind kanadische Frauen es wirklich wert?*

! : Unbedingt. Pamela Anderson ist Kanadierin. Und sie war schon Kanadierin, als sie noch richtig gut aussah. Ehrlich.

DER

TODESTAG-MEINER-FRAU

Erfolgsquote	69 %
Zielgruppe	ewige Brautjungfern
Voraussetzungen	eine einzelne Rose
Vorbereitungszeit	keine!
Schwachpunkte	zu einfach?

 **DIE MASCHE**

1. Lass dich an einem Ort in der Öffentlichkeit nieder, und blicke versonnen eine einzelne Rose an.

2. Wenn sich eine lohnende Zielperson nähert, gesteh ihr verlegen, dass heute der Todestag deiner Frau ist. Damit hast du sie genau da, wo du sie haben willst* – sie fühlt sich schuldig.

3. Jetzt nippt die Zielperson, ohne es zu wissen, an einem Giftbecher aus Schuldgefühl, Mitleid und der frauentypischen Annahme »wenn der Kerl verheiratet war, muss doch was an ihm dran sein«. Du brauchst jetzt nur noch zu sagen: »Ich weiß nicht, ob ich heute Abend allein sein kann«, und die Sache ist geritzt.

---

* Außer dass du es natürlich auch gern sähest, wenn sie in Schwesterntracht auf deinem Bett tanzen würde.

DAS DORNRÖSCHEN-DILEMMA

Bei dieser klassischen Masche wird die Zielperson wahrscheinlich wissen wollen, wie deine Frau zu Tode gekommen ist. Wenn ein diffuses »Darüber möchte ich lieber nicht reden« nicht ausreicht, musst du wohl tatsächlich eine Todesart nennen, doch Vorsicht: Ist die Antwort zu vage, wird sie misstrauisch, ist sie zu detailliert, vergeht ihr der Appetit. Du brauchst etwas dazwischen, in der Art von:

- Unfall beim Fotoalbumbasteln mit dem Skalpell
- von tollwütigem Hasen gebissen
- plötzliche Sauerstoffallergie
- Verwechslung beim Jonglieren (Kettensäge)
- auf der Achterbahn unter der Stange durchgerutscht
- Kontrolle über Einkaufswagen verloren
- Taucherkrankheit
- nicht genug Gemüse
- Der 83. Höhepunkt beim Sex mit dir war einfach zu viel.

DIE

SCHAUFENSTERPUPPE

Erfolgsquote	77 %
Zielgruppe	Frauen, die gern shoppen
Voraussetzungen	anständiger Anzug, Geduld, kräftige Knie
Vorbereitungszeit	keine!
Schwachpunkte	nicht bewegen, selbst wenn du aufs Klo musst

DIE MASCHE

1. Begib dich unauffällig in ein Schaufenster. Nimm eine bequeme Haltung ein. Erstarre.

2. Blicke hinaus zu den Passanten, bis du eine heiße Braut vorüberkommen siehst. Das kann eine Weile dauern, also pass auf, dass du keinen Krampf im Bein bekommst.

3. Ganz langsam »erwachst du zum Leben«, klopfst an die Scheibe und lädst sie mit Gesten ein, zu dir hereinzukommen.

4. Sag ihr, du hast sie schon Hunderte von Malen vorbeikommen sehen, und jedes Mal hast du gebetet, dass du in genau dem Augenblick zu einem Menschen aus Fleisch und Blut wirst, damit du ihre Haut berühren kannst.

5. Berühre ihre Haut.

6. Schlafe mit ihr. Aber nicht im Schaufenster; so was ist heutzutage wahrscheinlich verboten.

DIE

LIEBE AUF DEN ERSTEN BLICK

Erfolgsquote	10 %
Zielgruppe	Unschuldsengel
Voraussetzungen	ein Bro, ein Gettoblaster
Vorbereitungszeit	ein paar Minuten
Schwachpunkte	lässt sich nur jeweils einmal pro Abend und Ort versuchen

 DIE MASCHE

1. Wähle eine Zielperson, die besonders unschuldig aussieht.
2. Nähere dich der Zielperson, tu aber so, als gingest du in Zeitlupe. Wenn du meinst, es wirkt nicht überzeugend, dann versuch es mal mit offen gelassenen Schnürsenkeln.

ANMERKUNG

»Unschuldig« muss nicht gleichbedeutend mit »jung« sein. Halte Ausschau nach einem Verhältnis von Augendurchmesser zu Gesichtsdurchmesser von mindestens 1 : 3. Typus Powerpuff Girl.

3. Starre die Zielperson an, bis sie etwas sagt. Versuch exakt mitzusprechen, was sie sagt, und höre auf, wenn sie aufhört. Und genau so weiter, wenn sie wieder etwas sagt. Das weckt den Eindruck, dass ihr zwei euch so gut versteht, dass ihr immer im selben Augenblick dasselbe sagen wollt (obwohl du natürlich nicht von dir aus »Was starrst du mich so an, du Blödmann?« gesagt hättest).

4. Gib deinem Bro das verabredete Zeichen, und aus dem Gettoblaster ertönt das zeitlose Duett »Almost Paradise« von Ann Wilson und Mark Reno. Lass ihn bei 2:44 einsetzen, sodass ihr das Zwischenspiel hört.

5. Sobald der Refrain beginnt, frag die Zielperson, ob sie an Liebe auf den ersten Blick glaubt.

6. Wenn ja, dann glaubt sie vielleicht auch an Sex in der ersten Nacht.

DER

BIKER

Erfolgsquote	17 %
Zielgruppe	Mädels, die auf »böse Jungs« stehen
Voraussetzungen	Lederjacke, Helm
Vorbereitungszeit	keine!
Schwachpunkte	eventuell Fachgespräche mit echten Bikern

DIE MASCHE

1. Zieh die Lederjacke an, klemm dir den Helm unter den Arm, und begib dich in eine Bar oder auf eine Party.
2. Leg den Helm an eine auffällige Stelle, und warte, bis eine Braut kommt und dich nach deiner Maschine fragt.

ANMERKUNG

Nimm entweder einen Vollvisierhelm für Rennfahrer oder den Harley-Typ, vielleicht mit ein paar Totenköpfen drauf. Keinen von diesen offenen Touringhelmen, weil die Mädels dann davon ausgehen, dass du Moped fährst oder, schlimmer noch, Franzose bist.

3. Wenn du von da an nicht allein weiterkommst, dann kann ich dir auch nicht mehr helfen.

W A R N U N G

Wer die Motorradgang-Karte ausspielt, hat wesentlich bessere Chancen, aber er geht auch ein weitaus höheres Risiko ein, deshalb kann ich diese Taktik hier nicht offiziell empfehlen. Wenn es aber doch sein soll, dann brauchst du einen Namen für deine hypothetische Gang, denn andernfalls werden ein paar kräftige Burschen deine Gliedmaßen zu einer Selbstmörderkupplung oder einem Stummellenker oder was es sonst noch an schönen Motorradteilen gibt, umbiegen.

MOTORRADGANGNAMENGENERATOR

Kombiniere ein Wort aus der Spalte A mit einem Wort aus der Spalte B, und schon hast du einen Namen für deine Motorradgang.

Spalte A	Spalte B
Devil	Bandits
Angel	Riders
Mama's	Barbarians
Asphalt	Wolves
Underworld	Warlocks
Road	Kings
Heaven's	Warriors
Leather	Invaders
Outlaw	Demons
Thunder	Dogs

DER

LEONARDO

Erfolgsquote	1 %; 2 %, wenn ein Film von ihm im Kino läuft
Zielgruppe	Groupies
Voraussetzungen	Pilotenbrille, schütterer Spitzbart, Freunde
Vorbereitungszeit	fünf Minuten auf der DiCaprio-Seite der Internet Movie Database
Schwachpunkte	fünf Minuten auf der DiCaprio-Seite der Internet Movie Database: sehen, wie viel der aus seinem Leben gemacht hat!

DIE MASCHE

1. Setz deine Pilotenbrille auf.
2. Wähle eine Zielperson, und stell dich als Leonardo DiCaprio vor.
3. Während sie noch über dich lacht, lässt du deine Freunde kommen und sagen:
   - »He, du warst großartig als Jim Carroll!«
   - »Wann kommt denn endlich Titanic 2?«
   - »Seit *Gilbert Grape* bist du viel besser geworden.«
4. Jetzt muss sie zumindest überlegen, ob du tatsächlich Leonardo DiCaprio bist, und genau an der Stelle sagst du: »Tja, wenn du jemals mit Leonardo ins Bett wolltest, hast du jetzt die Gelegenheit.«
5. Das könnte klappen.

DER

ZAUBERKÜNSTLER

Erfolgsquote	tja
Zielgruppe	Mädchen, die leicht zu amüsieren sind
Voraussetzungen	Handschellen, Schlüssel zu den Handschellen
Vorbereitungszeit	nur Sekunden
Schwachpunkte	google mal »Freiheitsberaubung«

DIE MASCHE

1. Nähere dich der Zielperson, und frag sie, ob sie Zauberkunststücke mag. Achte nicht auf die Antwort, sondern verbinde sogleich deine und ihre Hand mit den Handschellen.

2. Lass sie deine Ärmel abtasten und sich vergewissern, dass du den Schlüssel dort nirgends versteckt hast. Dann sag mit Magierstimme: »Jetzt fühl auch in der Hose nach. – Ha, ha, nur ein Witz.« Wenn sie damit schon angefangen hat, dann sei natürlich nicht dumm.

3. Als Nächstes wühlst du in deinen Taschen, und nach einem Augenblick der Panik schlägst du dir mit deiner und ihrer Hand an die Stirn und sagst: »Ich glaube, ich habe den Schlüssel vergessen.«

4. Wenn ihr bei dir zu Hause angekommen seid, »entdeckst« du den Schlüssel auf dem Nachttisch gleich neben deinem Bett. Wenn du Glück hast, brauchst du die Handschellen gleich noch einmal. Na ja, wenn du eine Menge Glück hast.

DER
FREUND VON MICHAEL

Erfolgsquote	90 %
Zielgruppe	alle Frauen
Voraussetzungen	ein gewisses Maß an Rollenstudium
Vorbereitungszeit	keine!
Schwachpunkte	»Was denn für ein Michael?«

DIE MASCHE

1. Nähere dich einem Mädel, und sage: »Mensch, das ist ja toll, dass wir uns wiedersehen! Du, sei mir nicht böse, aber ich weiß nicht mehr, wie du heißt.«
2. Sie wird darauf beharren, dass sie dich nie zuvor gesehen hat. Das ist der Punkt, an dem du sagst: »Aber ich bin doch der Freund von Michael!«
3. Jetzt ist es ihr peinlich, und sie wird versuchen, die Scharte auszuwetzen – hoffentlich im Bett.

WIESO FUNKTIONIERT DAS?
Jeder Mensch auf Erden kennt irgendwen namens Michael. Und der ist ein ziemlich netter Kerl.

DER

CYBORG

Erfolgsquote	65 %
Zielgruppe	Empfindsame
Voraussetzungen	ein fester Händedruck
Vorbereitungszeit	keine!
Schwachpunkte	Unerwartete Begegnungen mit echten Kriegsveteranen können knifflig, wenn nicht gar blutig sein.

DIE MASCHE

1. Stell dich der Zielperson vor, und drück, wenn du ihr die Hand gibst – jedoch ohne das Gesicht dabei zu verziehen –, mit aller Kraft zu.

2. Noch während sie vor Schmerz aufschreit, entschuldigst du dich: Du vergisst immer wieder, wie stark du bist. Im Krieg bist du verwundet worden, und das Militär hat eine beträchtliche Anzahl Körperteile durch Titan-Prothesen ersetzt. Dabei nickst du vielsagend in Richtung Hosenlatz.

3. Warte, bis sie den ersten Schritt macht.

DER

STANLEY CUP

Erfolgsquote	90 %
Zielgruppe	sportliche Mädels, aber keine Sportfans
Voraussetzungen	Alufolie, Filzstift
Vorbereitungszeit	eine Dreiviertelstunde
Schwachpunkte	Bastelarbeit könnte den einen oder anderen überfordern.

DIE MASCHE

1. Klebe eine Bowleschale auf eine Espressokanne, oder befestige sie mit Band. Wenn es ungefähr wie eine Schachfigur oder eine zu dick geratene Saugglocke aussieht, ist es richtig.

2. Umwickle dieses Kunstwerk mit Alufolie. Nunmehr bist du im Besitz des Stanley Cup.

3. Mit dem Filzstift malst du dir ein paar Zähne schwarz an, so als ob du dich für ein Theaterstück mit dem Titel »Das Landei« schminkst (dem wahrscheinlich kein großer Erfolg beschieden wäre – es sei denn, du bist gerade auf Erdöl gestoßen).

4. Betritt mit dem Pokal eine Bar, und warte, dass die Damen reihenweise in Ohnmacht fallen.

- Frauen mögen Profisportler, weil die Geld haben und gut in Form sind, aber keine kann beschreiben, wie ein Pokal aussieht – jedenfalls keine, bei der du landen willst.
- Jedes Mitglied der Siegermannschaft kommt für einen Tag in Besitz des Stanley Cups. Wenn du der Zielperson das erklärst, wird sie sich besonders geehrt fühlen, dass du dich entschieden hast, ausgerechnet diesen Tag mit einem einfachen Mädel wie ihr zu verbringen.
- Da Frauen von Gesetzes wegen verpflichtet sind, sich den Film *Liebe und Eis* anzusehen, können sie gar nicht anders, als sich auch noch den ungehobeltsten Hockeyspieler als Traumpartner auf dem Eis vorzustellen. Du bist für sie jetzt eine große Herausforderung.

DER MANN MIT DEM HÜNDCHEN

Erfolgsquote	80 %
Zielgruppe	Tierfreundinnen
Voraussetzungen	ein Hundewelpe
Vorbereitungszeit	zwei Stunden
Schwachpunkte	schwer stubenrein zu bekommen; frustrierend

DIE MASCHE

1. Hol dir einen Welpen aus dem örtlichen Tierheim. Nimm den mit den größten Pfoten und den schlabbrigsten Ohren. Studien haben erwiesen, dass dies die beiden Faktoren sind, die darüber entscheiden, ob eine Frau mit einem Kerl schläft, um noch länger bei dessen Hündchen bleiben zu können.

2. Leg deinen neuen besten Freund an die Leine, und geh mit ihm in den Park oder an einen anderen ungefährlichen Ort in der Öffentlichkeit. Wenn du eine Zielperson ausgemacht hast, nimm die Leine ab, dreh den Hund in ihre Richtung, und scheuch ihn los.

3. Die Zielperson wird dir helfen, ihn wieder einzufangen, und sofort mit ihm schmusen, denn das Einzige, was Frauen noch süßer finden als ein Hündchen, ist ein Hündchen ganz aus Diamanten.

4. Gesteh ihr, dass du den Hund gerade erst neu hast und dich eigentlich überhaupt nicht mit so etwas auskennst. Du bist an einem brennenden Haus vorbeigekommen und hast den kleinen Burschen gerettet, und du weißt nicht einmal, ob ein Welpe überhaupt gefahrlos bei dir wohnen kann. Vielleicht könnte sie sich ja die Wohnung einmal ansehen?

5. Wenn sie fragt, wie er heißt, tust du verlegen und sagst: »Nein, da wirst du mich auslachen.« Sie wird nicht lockerlassen, und du sagst mit einem Seufzer: »Genau genommen ist es eine Sie. Ich habe sie nach einem großen Schwarm von mir benannt.« Sie: »Okay. Also, wie heißt sie?« Du (dramatische Pause, dann): »Oprah.«

6. Nimm die Zielperson mit nach Hause, und lass dir von ihr beibringen, wie man Männchen macht und sich auf dem Teppich wälzt.

DAS

PORTRÄT

Erfolgsquote	35 %
Zielgruppe	Mädels mit Kunstverstand, Touristinnen
Voraussetzungen	Kapital; ein vorzeigbares Profil
Vorbereitungszeit	zwei Nächte
Schwachpunkte	Museumsaufenthalt unvermeidlich

DIE MASCHE

1. Lass ein Porträt von dir malen, am besten eines, das dich mit Schulterklappen, einer Elefantenbüchse im Arm oder mit einem dieser verrückten Hüte, die wie eine samtene Calzone* aussehen, zeigt.

ANMERKUNG

Wähle einen Künstler, der dich vorteilhaft darstellt, und lass auch ein paar Kröten für eine erstklassige Leinwand springen, denn dieses Bild wirst du noch viele Jahre lang stolz zur Schau stellen.

---

*Hiermit behalte ich mir sämtliche Rechte an »Samtene Calzone« als Namen für einen Nachtclub vor.

2. Bring durch Bestechung einen Museumswärter dazu, dass er dein Porträt aufhängt, oder wenn dir nach einem Abenteuer ist, schleich dich nach Feierabend ein, und tu es selbst.

3. Am nächsten Tag lungere vor dem Bild herum, bis die Zielperson deiner Wahl erscheint. Sobald sie stutzt und ein zweites Mal hinsieht, bist du im Rennen und wählst einen der folgenden Eröffnungssätze:

A. »Ich weiß, ich weiß. Es ist peinlich, aber ich gehöre tatsächlich zur königlichen Familie.«

B. »Mein Urgroßvater. Der alte Knauser hat mir nichts hinterlassen außer den drei Schlössern.«

C. Atme tief ein, und dann, als wären deine Gedanken gefangen auf einem Karussell aus lang vergessenen Gesichtern, aus Bildern in bleichen Sepiatönen, Erinnerungen, so überwältigend, so vielfältig, dass nie ein Mensch sie in Worte fassen wird, stoß einen Seufzer aus, und sag: »Das war vor langer, langer Zeit ...«

DER

TED MOSBY

Erfolgsquote	5 % ... und das ist doch nun wieder mal typisch Ted!
Zielgruppe	ewige Brautjungfern; Geschiedene; Mädels, die Katastrophen lieben
Voraussetzungen	Abendanzug, Augentropfen, Ehering
Vorbereitungszeit	11 Minuten
Schwachpunkte	So ein Ring ist nicht billig.

DIE MASCHE

1. Zieh den Abendanzug an. Bist du nicht ein Prachtjunge? Du siehst aus, als würdest du gleich der Queen vorgestellt oder als wolltest du ein Attentat verüben. Jetzt zerknitterst du dir die Schleife, ziehst das Hemd aus der Hose und hörst mit den Augentropfen erst wieder auf, wenn es aussieht, als hättest du gerade den Schluss von *E.T.* gesehen (des echten E.T., nicht der kastrierten, leblosen Jetzt-nehmen-wir-statt-Knarren-doch-lie-ber-Walkie-Talkies-Version, die Spielberg unverzeihlicherweise vor ein paar Jahren zusammengestoppelt hat. Ob er zu viel mit George Lucas zusammen war?).

2. Such dir einen auffälligen Ort in der Öffentlichkeit, und stoß ein paar Seufzer aus.

3. Hol den Hochzeitsring raus, sieh ihn an, lass ihn auf dem Tisch tanzen, verfluch ihn leise ... Stell dich einfach vollkommen ver-

rückt deswegen an, wie dieser kränkliche Junge im *Herr der Ringe*.

4. Früher oder später beißt eine Frau an, kommt zu dir herüber und fragt, was dir fehlt. Zuerst winkst du ab, doch binnen Kurzem gestehst du, dass deine Verlobte dich gerade am Traualtar sitzen gelassen hat ... wo die Augen sämtlicher Freunde und Verwandten auf dich gerichtet waren. Was für eine Schande! Nie im Leben hättest du gedacht, dass Jenny* dir so etwas antun könnte.

5. Von jetzt an treibt Mitleid den Kahn voran; du musst nur rechtzeitig aussteigen.

---

* Wenn du der »Verlobten« einen Namen gibst, wirkt es glaubwürdiger. Mit »Jenny« kann man nichts falsch machen: Laut statistischen Untersuchungen gibt es allein in den Vereinigten Staaten nicht weniger als 83 Millionen Jennys.

DER

Tom Nacho

Erfolgsquote	30 %
Zielgruppe	Spielernaturen
Voraussetzungen	ein gutes Ohr
Vorbereitungszeit	keine!
Schwachpunkte	Du musst einem Mädel zuhören.

DIE MASCHE

1. Halt dich in der Nähe der Zielperson auf.
2. Sobald sie sich anerkennend über etwas äußert, sagst du »danke«, so als ob du der Urheber dieser Sache wärst.
   Beispiele:

   Zielperson: Mein Lieblingsfilm ist *Vom Winde verweht*.
   Du: Danke!

   Zielperson: Lisa, deine Schuhe finde ich toll.
   Du: Danke!

   Zielperson: Diese Nachos sind erstklassig.
   Du: Danke!

3. Als Nächstes stellst du dich als Tom _____ vor. Du nimmst das, was sie mag, als Nachnamen – beim letzten Beispiel würdest du also »Ich bin Tom Nacho« sagen.
4. Schlafe mit ihr.

DER

VERWIRRTE ERBE

Erfolgsquote	33 %
Zielgruppe	Geldgierige
Voraussetzungen	ein getürktes Testament
Vorbereitungszeit	ein paar Stunden Recherche
Schwachpunkte	Juristerei

DIE MASCHE

1. Beziehe in der Nähe der Zielperson Stellung, und schau verständnislos auf ein Blatt Papier.

2. Seufze schwer und schüttle den Kopf. Früher oder später kommt sie und fragt, was los ist.

3. Zeig ihr dein getürktes Testament, und tu verwirrt: »Wieso schulde ich meinem Onkel Steven, der gerade gestorben ist, 83 Millionen Dollar? Der Kerl hat schließlich den Donut erfunden.«

4. Das getürkte Testament sollte den folgenden Text enthalten: »STEVEN JAMES SMITH vermacht hiermit AN DIESE STELLE GEHÖRT DEIN NAME die Summe von $ 83.000.000.« Ja, du hast ganz richtig gelesen – 83 Millionen Dollar.

5. Nachdem sie dir erklärt hat, dass du die 83 Millionen Dollar bekommst, feierst du deinen gerade erst entdeckten Reichtum, indem du mit ihr schläfst.

DER

VIERTE JONAS

Erfolgsquote	70 %
Zielgruppe	Popgören
Voraussetzungen	ein gewisses Rhythmusgefühl
Vorbereitungszeit	keine!
Schwachpunkte	könnte Minderjährige anlocken

DIE MASCHE

1. Zieh dich an wie einer von den Jonas Brothers. Dazu hast du drei Möglichkeiten:
   A. ein Hemd mit Kragen, die Ärmel hochgerollt, schmale Krawatte, Jeans
   B. weiße Turnschuhe, weißes Hemd, schwarze Weste
   C. Du würdest dich lieber umbringen, als dass du dich auf A oder B einließest.
2. Bestimme eine Zielperson, und sprich dann mit lauter Stimme in ihre Richtung über die Welttournee deiner kleinen Brüder, ihre Fernsehserie und ihren billigen Sommerfilm.*
3. Sobald sie nachfragt, erzählst du ihr, dass du der vierte Jonas-Bruder bist.
4. Sie schläft mit dir, weil du beinahe so berühmt und nicht halb so bescheuert bist. Diesen Satz kannst du auch ruhig zu ihr sagen.

* Ich gehe einfach mal davon aus, dass es einen gibt.

ANMERKUNG

In verschiedenen historischen Epochen war diese Masche als Der Back-
street Man, Die 99 Degrees oder Das in die Jahre gekommene Kid on
the Block bekannt. Wenn das *Playbook* älter wird, ersetzt du die Jonas
Brothers einfach durch die jeweils neueste Teenieband.

DAS *PLAYBOOK* FÜR FRAUEN

Das *Playbook* richtet sich hauptsächlich an Männer, die Kontakt mit Frauen suchen. Das liegt einfach daran, dass genau das mein Fachgebiet ist. Doch im Interesse der gesetzlichen Gleichstellung, als aktive Maßnahme, um diesen Gedanken zu fördern, und damit niemand mir vollkommen zu Unrecht vorhält, ich sei sexistisch, füge ich hier kostenlos und gratis *Das Playbook für Frauen* ein.

Das
PLAYBOOK

☞ FÜR FRAUEN! ☜

Barney Stinson

mit Matt Kuhn

Dieses Buch widme ich allen Frauen, die blöd genug sind zu glauben, dass sie ein Buch brauchen, um Männer aufzureißen.
Mädels, ihr braucht nur zwei Dinge, um einen Mann aufzureißen.
(Tipp: Eure Brustwarzen wohnen darauf.)
Oh, und wenn du gut aussiehst, dann ruf mich mal an.

Das
MÄDEL

Erfolgsquote	1000 %
Zielgruppe	alle Männer, überall und jederzeit
Voraussetzungen	zwei X-Chromosomen
Vorbereitungszeit	keine
Schwachpunkte	zu leicht?

DIE MASCHE

1. SUCHE DIR EINEN KERL AUS.

2. SIEH IHN AN.

3. SCHLAFE MIT IHM.

Über den Verfasser

Barney Stinson ist ein hochattraktiver Junggeselle und ein Mann von beträchtlichen Qualitäten. Ihr solltet euch das einmal zeigen lassen, wenn ihr die Chance dazu bekommt.

Maschen für den Wochenend-Krieger

(DON JOHNSON)

DAS

PINOCCHIO-
HÜNDCHEN

Erfolgsquote	33 %
Zielgruppe	Leichtgläubige; Tierfreundinnen
Voraussetzungen	Hundehalsband
Vorbereitungszeit	keine!
Schwachpunkte	Flöhe, Herzwurm, verrenkte Hüfte

DIE MASCHE

1. Vollführe, mit nichts als Unterwäsche und Hundehalsband bekleidet, die folgenden Übungen in Sichtweite der Zielperson:
- Atme hechelnd durch den Mund.
- Kratz dich mit dem Bein hinter dem Ohr.
- Beuge dich und beschnüffle dein Geschlecht.
2. Wenn die Zielperson sich nähert, bellst du sie an, und dann entschuldigst du dich sofort dafür. Mit Scooby-Doo-Stimme erklärst du, wie sehr du dir gewünscht hast, ein Mensch zu werden ... doch jetzt, wo der Wunsch erfüllt ist, weißt du überhaupt nicht, was du damit anfangen sollst.
3. Wenn sie dich mit nach Hause genommen hat, kriechst du in ihr Bett, und von da nimmt die Natur ihren Lauf.

DIE

REISETASCHE

Erfolgsquote	8 %
Zielgruppe	Ausländerinnen
Voraussetzungen	große Reisetasche
Vorbereitungszeit	45 Sekunden
Schwachpunkte	wenn du Pech hast, landest du bei einem Kerl im Koffer

DIE MASCHE

1. Fahre mit deiner Reisetasche zum Flughafen, und postiere dich am Gepäckband eines internationalen Flugs. Vergiss nicht, dir zu merken, von wo der Flug kommt.

2. Sobald du eine Zielperson identifiziert hast, kletterst du schnell in deine Reisetasche, ziehst den Reißverschluss zu und wirfst

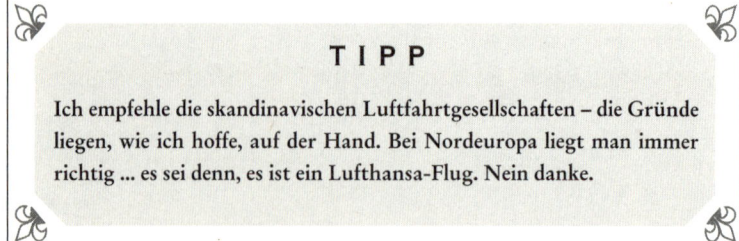

TIPP

Ich empfehle die skandinavischen Luftfahrtgesellschaften – die Gründe liegen, wie ich hoffe, auf der Hand. Bei Nordeuropa liegt man immer richtig ... es sei denn, es ist ein Lufthansa-Flug. Nein danke.

dich aufs Gepäckband. Du musst den Zeitpunkt abschätzen, in dem du an ihr vorüberfährst, und in dem Augenblick steigst du aus der Tasche.

3. Erkläre ihr mit möglichst neutralem europäischen Akzent, dass du als Geschäftsmann viel herumkommst, und als du sie in [Abflugsstadt] in die Maschine steigen sahst, da wusstest du, dass du alles tun würdest, um sie wiederzusehen. An dieser Stelle erschauderst du kurz und sagst: »Ganz schön kalt, so ein Gepäckraum.«

4. Sieh zu, was du tun kannst, um ihr beim Überwinden des Jetlags zu helfen.

PRINZ AUS ZAMUNDA

Erfolgsquote	88 %
Zielgruppe	Mädels, die keine Ahnung von Geografie haben
Voraussetzungen	ein guter Kumpel
Vorbereitungszeit	keine!
Schwachpunkte	Unter Umständen musst du die Erbfolge eines erfundenen Königreichs erklären.

☞ DIE MASCHE ☜

1. Stelle dich in der Nähe der Zielperson auf, und gib deinem Bro ein Zeichen.

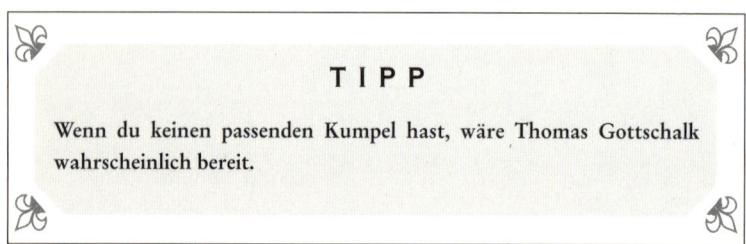

TIPP

Wenn du keinen passenden Kumpel hast, wäre Thomas Gottschalk wahrscheinlich bereit.

2. Verabredungsgemäß nähert er sich, kniet vor dir nieder und sagt: »Bitte um Verzeihung, Eure Hoheit, aber ich habe Nachrichten vom Hofe.«

3. Ärgerlich schimpfst du ihn dafür aus, dass er dich in der Öffentlichkeit so anredet. Eigentlich solltest du dich bei deinem Vater, dem König, über ihn beschweren. Achte darauf, dass an dieser Stelle das Wort »König« fällt.

4. Erkläre der Zielperson, dass du ein Prinz bist, auf der Suche nach einer zukünftigen Königin, dass du aber nicht wolltest, dass jemand erfährt, wie milliardenschwer du bist, denn du möchtest ein Mädchen finden, das dich um deiner selbst willen mag ... und du selbst bist nun mal der Thronerbe eines sagenhaft reichen Königtums. Sie zum Beispiel käme als Königin durchaus in Betracht. Wenn sie, na ja, wenn sie gut genug im Bett ist.

5. Angestachelt von der Aussicht, in unzähligen Klatschblättern als »neue Freundin des Prinzen« aufzutauchen, hat die Zielperson jetzt einen echten Anreiz, mit dir zu schlafen.

DER

CINEAST

Erfolgsquote	99 %
Zielgruppe	Unglückliche
Voraussetzungen	Durchhaltevermögen
Vorbereitungszeit	etwa 110 Minuten
Schwachpunkte	• Du musst dir einen wirklich schlechten Film ansehen.
	• Wenn du die falsche Art von romantischer Komödie erwischst, reduziert sich die Zahl der Kandidatinnen auf deine Mutter und ihr Filmkränzchen.

DIE MASCHE

1. Such dir den rührseligsten Liebesfilm aus, der gerade im Kino läuft, und präg dir die sentimentalsten Szenen und die schmalzigsten Dialoge ein.

ANMERKUNG

Falls du nicht beurteilen kannst, welcher von den Frauenfilmen der schlechteste ist, nimm den, in dem Katherine Heigl die Hauptdarstellerin ist, oder – für den Fall, dass sie aus irgendwelchen Gründen für diese Rolle nicht zur Verfügung stand – denjenigen, auf dessen Plakat ein Mann und eine Frau in trauter Zweisamkeit beieinanderstehen und den Daumen hochhalten, als ob sie sagen wollten: »Ja, der ist es!«

2. Geh ein zweites Mal in den Film (ja, ich weiß), such dir das heißeste Mädel ohne Begleitung aus, und setz dich in ihre Reihe.

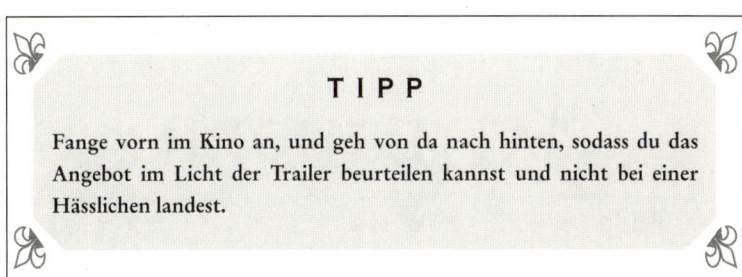

TIPP

Fange vorn im Kino an, und geh von da nach hinten, sodass du das Angebot im Licht der Trailer beurteilen kannst und nicht bei einer Hässlichen landest.

3. Leise, doch voller Pathos sprichst du die entscheidenden Textstellen mit, vom vorhersagbaren »mein Verlobter ist wirklich das Letzte« bis zur todsicheren »mein neuer Freund und ich, wir mögen die gleiche Indie-Musik/die gleichen außergewöhnlichen Gewürze im Essen«-Szene.
4. Wenn du merkst, dass die Zielperson zu dir herüberblickt und dein Einfühlungsvermögen bewundert, lächelst du verlegen und fragst, ob sie sich nicht zu dir setzen will. Später fragst du, ob sie sich auf deinen Schoß setzen will. Bingo!

WIESO FUNKTIONIERT DAS?

- Wissenschaftliche Untersuchungen belegen, dass 83 % aller Mädels, die sich romantische Komödien ansehen, sich entweder gerade von ihrem Freund getrennt haben oder auf dem Weg zu einer solchen Trennung sind. Jedenfalls ist da etwas in Bewegung.
- Wenn eine Frau für so einen Schwachsinn Geld ausgibt, dann ist sie wahrscheinlich auch nicht allzu wählerisch bei ihren Sexualpartnern.
- Und was das Schönste ist: Offenbar wartet sie ja nur darauf, schon wieder enttäuscht zu werden.

DER

LORENZO VON MATTERHORN

Erfolgsquote	20 %
Zielgruppe	Geschäftsfrauen, immer mit dem Smartphone in der Hand
Voraussetzungen	Grundkenntnisse im Webdesign
Vorbereitungszeit	drei Viertel eines Fußballspiels
Schwachpunkte	Grundkenntnisse im Webdesign

DIE MASCHE

1. Denk dir einen unverwechselbaren falschen Namen aus.

ANMERKUNG

Zwar sollte man bei der Gestaltung seiner Lebensgeschichte der Fantasie freien Lauf lassen, dabei aber nicht aus den Augen verlieren, dass es die folgenden Qualitäten sind, die Frauen am anziehendsten finden: Wohlstand, Macht, Tierliebe. Hinweise auf eine beträchtliche Penisgröße können nicht schaden.

2. Erstelle eine Reihe von Websites, die sich ganz dem unglaublichen Leben deines falschen Ichs widmen, und lade sie ins Internet hoch.

3. Wähle eine Zielperson, am besten eine mit einem wirklich schönen Smartphone, nähere dich ihr und sage: »Doch, doch, ich bin's.« Sie wird behaupten, sie kenne dich nicht. Tu ungläubig, nenn deinen falschen Namen laut und deutlich. Wenn sie weiterhin sagt, sie habe noch nie von dir gehört, entgegne ihr, was für eine schöne Abwechslung es doch sei, jemanden zu treffen, der kein Autogramm von dir will, der nicht dein Bild, dein Geld oder überhaupt irgendwas von dir will.

4. Jetzt verdrückst du dich schleunigst, bringst aber vorher noch einmal deinen Namen an.

5. Sobald du draußen bist, wird sie ihr Telefon zücken und den Namen googeln. Wenn sie all die erfundenen Geschichten über dich liest, glüht sie vor Leidenschaft.

6. Nach ein paar Minuten kehrst du zurück, fragst, ob du ihr eine Tasse Kaffee spendieren kannst, und die Sache ist geritzt.

DER

COOLE PRIESTER

Erfolgsquote	33 %
Zielgruppe	verklemmte Gläubige
Voraussetzungen	Talar, Beffchen, schmieriges Lächeln
Vorbereitungszeit	keine!
Schwachpunkte	Du könntest dafür in der Hölle landen.

DIE MASCHE

1. Leg Talar und Beffchen an, und begib dich damit in die Bars.
2. Nimm Aufstellung neben der Zielperson, und dann schüttest du Bier in dich hinein, rauchst, fluchst, johlst usw. Anders ausgedrückt, benimm dich wie ein britischer Parlamentarier.
3. Wenn du die Zielperson dabei erwischst, wie sie dir einen verstohlenen Blick zuwirft, zeig auf das Beffchen und sage: »Ach, deswegen? Ich und der Herrgott, wir haben eine fortschrittliche Beziehung.«
4. Fasziniert von dieser schillernden Verbindung aus Frömmigkeit und Rebellentum, wird die Zielperson sich fragen, ob du auch noch andere Sakramente schändest.
5. Treib es mit ihr auf der Kirchenbank.

DER

ᚠALIEN

Erfolgsquote	66 %
Zielgruppe	Science-Fiction-Freaks; Leichtgläubige; Landeier
Voraussetzungen	eine fliegende Untertasse – na, nur ein Witz!
Vorbereitungszeit	keine!
Schwachpunkte	könnte echte Irre anlocken

DIE MASCHE

1. Wähle eine Zielperson, nimm Aufstellung neben ihr, und äffe jede ihrer Bewegungen nach.
2. An dieser Stelle wird es ihr entweder zu viel, und sie geht, oder sie fragt dich, was du da treibst. Im letzteren Fall kann's losgehen.
3. Sag ihr, man habe dich auf die Erde geschickt, damit du mehr über die menschliche Rasse in Erfahrung bringst. Du bist ein friedfertiger Außerirdischer, in der Art von Alf.
4. An dieser Stelle schüttet sie dir entweder ihren Drink ins Gesicht oder schaut dich verblüfft an. Im letzteren Fall kann's richtig losgehen.
5. Nun sag ihr, dass euch Außerirdischen nicht ganz klar ist, wie das mit der menschlichen Fortpflanzung funktioniert, und frag sie, ob sie dir das vielleicht zeigen könnte.

DAS

GESPENST

Erfolgsquote	83 %
Zielgruppe	Mädels mit Sinn fürs Spirituelle
Voraussetzungen	ein paar Freunde
Vorbereitungszeit	eine Runde Drinks für die Zeit, die du brauchst, um den Freunden deinen Plan zu erklären
Schwachpunkte	Den Freunden schuldest du jetzt einen Gefallen – und eine weitere Runde Drinks.

DIE MASCHE

1. Bitte deine Freunde, sich ganz in Schwarz zu kleiden und sich in einer Bar zu treffen, wo sie lautstark darüber reden, wie sehr du ihnen fehlst und dass sie immer noch gar nicht glauben können, dass du nicht mehr da bist. Wenn sie ein paar Tränen hervordrücken, kann das durchaus von Nutzen sein.

2. Nach einer Weile kommst du dazu, in deinem Beerdigungsanzug, doch deine Freunde tun so, als wärst du überhaupt nicht da. Sag ihnen, sie sollen sich einfach so benehmen, wie du es immer tust, wenn sie über ihre Arbeit oder ihre großen Ziele oder über das ganze Zeug reden, über das sie immer reden.

3. Nähere dich der Zielperson, und frag sie, ob sie dich sehen kann. Wenn sie Ja sagt, tu überrascht, und sag ihr, dass du, so verrückt das auch klingt, das Gefühl hast, du seist ein Gespenst.

4. Zum Beweis, dass du »tot« bist und nur sie dich sehen kann, nimmst du sie mit zu deinen Freunden und »erschreckst« sie mit ein paar Kunststückchen.

- Puste einer Freundin auf den Arm, sodass sie Gänsehaut bekommt.
- Nimm das Bierglas eines Freunds, beweg es vor seinem Gesicht hin und her, und hör dir an, wie er über das Glas staunt, das vor seiner Nase schwebt.
- Stampfe auf den Boden, und lass die Freunde ängstlich über dieses Poltern reden.

5. Bitte die Zielperson, in deinem Namen die Freunde anzusprechen; sie soll ihnen sagen, dass die Trauer vorbei ist und dass sie mit ihrem Leben weitermachen sollen. Lass die Freunde zu Anfang ein wenig protestieren:

- »Wie können wir einfach weitermachen, wenn der eine, der uns Hoffnung gegeben hat, nicht mehr da ist?«
- »Wer soll denn jetzt das Waisenhaus für kranke Kinder betreuen?«
- »Aber sein Schwanz war wirklich riesig.«

6. Wenn deine Freunde ihr dafür danken, dass sie ihnen geholfen hat, über deinen Tod hinwegzukommen, wird es Zeit, an deine eigene Rettung zu denken. Erkläre ihr, dass du im Jenseits nur Ruhe findest, wenn du noch ein letztes Mal die Freuden der irdischen Liebe spürst. Wenn sie nicht will, sagst du: »He, ich habe die Regeln hier nicht gemacht.«

 RORSCHACH

Erfolgsquote	33 %
Zielgruppe	Hirnamputierte
Voraussetzungen	Tintenfass, Papier, Schreibblock
Vorbereitungszeit	40 Sekunden (Trockzeit nicht eingerechnet)
Schwachpunkte	An Tinte kann man sich die Finger schmutzig machen.

DIE MASCHE

1. Gieß etwas Tinte auf ein Blatt Papier, und falte es in der Mitte, sodass zwei spiegelbildliche Muster entstehen. Es sollte etwa so aussehen:

Wiederhole diesen Schritt, bis die Tinte alle ist oder du dich bei der Frage ertappst, ob du nicht einfach das Fass austrinken und deinem Elend ein Ende machen sollst.

2. Nähere dich der Zielperson, sag, du bist Psychologieprofessor, und frag, ob du sie für die Mitarbeit an einem Forschungsprojekt gewinnen kannst. Sie muss sich dafür nur ein paar Bilder ansehen und erzählen, was sie sieht.

3. Wenn sie die Kleckse betrachtet und erzählt, was sie sieht, tu so, als ob du ihr zuhörst und auf deinem Schreibblock Notizen machst.

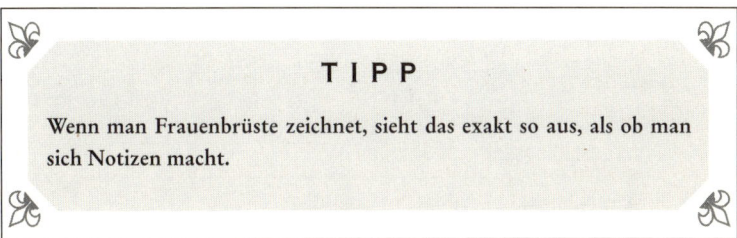

TIPP

Wenn man Frauenbrüste zeichnet, sieht das exakt so aus, als ob man sich Notizen macht.

4. Nach dem letzten Tintenklecks blickst du auf dein Blatt voller Titten und tust besorgt. Wenn sie fragt, was du hast, sagst du nur knapp: »Ach, nichts. Danke für die Teilnahme an meiner Untersuchung.« Jetzt ist sie ärgerlich und besteht darauf, dass du ihr sagst, was los ist. Sag ihr, dass sie an einer sehr bedenklichen psychischen Störung leidet: Koitaldeprivation.

5. Natürlich gibt es dafür nur eine einzige Therapie.

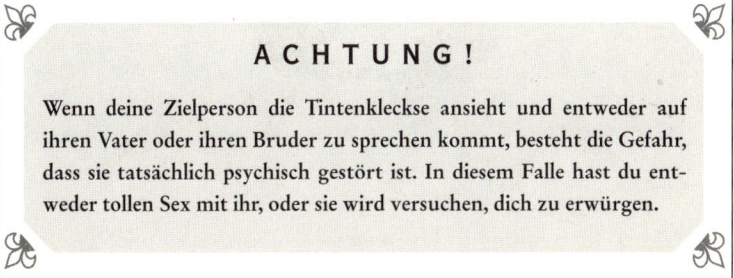

ACHTUNG!

Wenn deine Zielperson die Tintenkleckse ansieht und entweder auf ihren Vater oder ihren Bruder zu sprechen kommt, besteht die Gefahr, dass sie tatsächlich psychisch gestört ist. In diesem Falle hast du entweder tollen Sex mit ihr, oder sie wird versuchen, dich zu erwürgen.

DER
CHEAP-TRICK-TRICK

Erfolgsquote	40 %
Zielgruppe	Groupies, Dummchen, Mädels, die lange Haare mögen
Voraussetzungen	Jeansjacke, Cheap-Trick-Aufnäher, Haarteil
Vorbereitungszeit	50 Minuten
Schwachpunkte	ähm … Jeansjacke?

DIE MASCHE

1. Verziere deine Rübe mit dem Haarteil. Nähe den Cheap-Trick-Aufnäher auf die eigens gekaufte Jeansjacke. Und ob du's glaubst oder nicht, damit bist du jetzt Rockstar.
2. Wähle eine Zielperson.

ANMERKUNG

Wenn du dich für keine entscheiden kannst, nimm das Mädel mit den meisten Haaren, denn womöglich heißt es schon in der Bibel »und Haar zeugte Haar«.

3. Nimm Aufstellung in Hörweite der Zielperson, und lasse mindestens einen der folgenden drei Sätze fallen:

- »Ich freue mich immer, wenn ich meine Fans sehe.«
- »Weiß jemand, wie der Yen steht? Wir gehen morgen auf Welttournee.«
- »Das Schwierigste bei meinem gitarrenförmigen Schwimmbecken war die Entscheidung, wo ich den Whirlpool anbauen lasse.«

4. Überwältigt von Neugier, wird die Zielperson jetzt fragen, wer du bist, und das ist die Stelle, an der du sagst: »Ich bin Bassist bei Cheap Trick. Einer bekannten Rockband.« Wenn sie dir nicht glaubt, zeig ihr den Aufnäher. Mit etwas Glück zeigt sie dir jetzt ebenfalls, was sie hat, und schneller, als du denkst, hast du die Jeansjacke wieder aus.

VARIANTEN

Wie ein richtiger Rockstar kannst du diese Nummer Abend für Abend mit leichten Varianten spielen, mit immer wieder schönen Erfolgen rund um den Erdball. Bist du in Bombay, dann spielst du diese kleinen Trommeln bei Ravi Shankar. Ein Walkürenritt in Wien? Zeig ihr, wie du bei Ace of Base mit zehn Fingern spielst. Überhaupt ist Europa der beste Ort für diese Masche. Siehe den Hasselhoff.

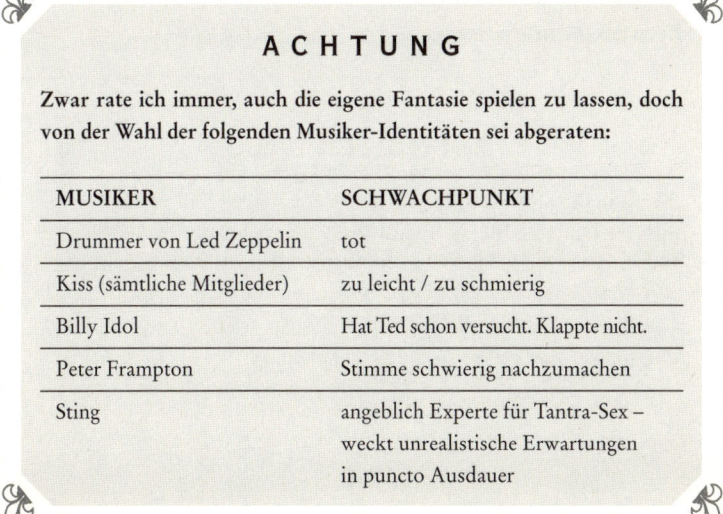

ACHTUNG

Zwar rate ich immer, auch die eigene Fantasie spielen zu lassen, doch von der Wahl der folgenden Musiker-Identitäten sei abgeraten:

MUSIKER	SCHWACHPUNKT
Drummer von Led Zeppelin	tot
Kiss (sämtliche Mitglieder)	zu leicht / zu schmierig
Billy Idol	Hat Ted schon versucht. Klappte nicht.
Peter Frampton	Stimme schwierig nachzumachen
Sting	angeblich Experte für Tantra-Sex – weckt unrealistische Erwartungen in puncto Ausdauer

BALLETTTÄNZER

Erfolgsquote	7 %
Zielgruppe	Tänzerinnen, geile Kapitalistinnen
Voraussetzungen	Balletttrikot, glaubwürdiger russischer Akzent
Vorbereitungszeit	45 Minuten oder wie lange du brauchst, um dich in das Trikot zu zwängen
Schwachpunkte	funktionierte wahrscheinlich besser in den Achtzigern

DIE MASCHE

1. Baue eine Zeitmaschine.
2. Rein ins Trikot!

ANMERKUNG

Dieser Schritt verstößt eventuell gegen die Gebote deines Geldbeutels oder die Gesetze der Physik. Wenn du keine Zeitmaschine hast, versuch diese Masche am besten an einem Ort, wo die Leute vielleicht noch nicht wissen, dass der Kalte Krieg vorbei ist, etwa in Mississippi oder Oberbayern oder bei Sarah Palin zu Hause.

3. Nein, es spricht nichts dagegen, einen Köcher für Tennisbälle unten reinzustecken.

4. Nähere dich der Zielperson und bitte mit schönstem russischen Akzent um politisches Asyl. Höre dir zum Einstudieren Iwan-Rebroff-Platten an.

5. Erkläre der Zielperson, dass du von deiner Balletttruppe – auf Tournee in den Vereinigten Staaten – geflohen bist und nun gar nicht weißt, was du mit deiner Eleganz, deiner Geschmeidigkeit und deinem übermenschlichen Stehvermögen anfangen sollst.

6. Wenn du dann noch aus dem Trikot rauskommst, schlafe mit ihr.

DER

DOOGIE

Erfolgsquote	20 %
Zielgruppe	Promijägerinnen
Voraussetzungen	Fantasie
Vorbereitungszeit	keine!
Schwachpunkte	Eine Fernsehserie auszuarbeiten ist ein Haufen Arbeit.

DIE MASCHE

1. Starre die Zielperson an, bis sie deinen Blick erwidert. Tu so, als fühltest du dich gestört, und sage: »Ja, ich bin [dein Name].«

2. Auf ihren fragenden Blick hin erklär ihr, dass du einmal ein großer Kinderstar warst, dass du aber jetzt du selbst sein möchtest und nicht der, den du damals gespielt hast, auch wenn du damit Millionen von Euro verdient hast.

3. Wenn sie fragt, welche Rolle das war, erzählst du ihr ein paar Details aus der Liste glaubwürdiger Seriendarsteller.

4. Jetzt, wo sie begeistert ist von deinem Ruhm, langst du zu.

LISTE GLAUBWÜRDIGER SERIENDARSTELLER

Figur	Serie	typischer Ausspruch
Lou Hooper	*Lassos und Kanonen*	»Yipppiiiie!«
Shmuel Silverstein III	*Shmuel das Schlitzohr*	»Nebbich.«
Ronald C. Dumb	*Missouri County Jail*	»Echt?«
Riccardo Panettone	*Anwälte im Zwielicht*	»Wenn hier was nicht stimmt, dann du.«
Karl Barracuda	*Surf – die jungen Wilden*	»Du stehst auf meinem Brett.«

DER

AU-PAIR

Erfolgsquote	75 %
Zielgruppe	junge Ausländerinnen
Voraussetzungen	eine kleine Sammlung Kinderspielzeug
Vorbereitungszeit	ein paar Stunden
Schwachpunkte	Kinderspielzeug kann ziemlich teuer sein.

DIE MASCHE

1. Kaufe ein paar Spielzeuge, und verstreu sie in deiner Wohnung.
2. Blättere in einer Zeitschrift, bis du in einer Anzeige ein Bild von einem Kind findest. Schneide es aus, und steck es in einen Bilderrahmen. Das wiederholst du, bis du ein paar Bilder von »deinem Kind« hast.
3. Gib deinem Kind einen Namen. Die neueste Mode bei Mäd-

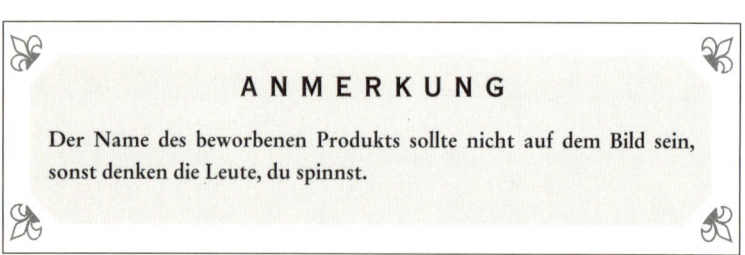

ANMERKUNG

Der Name des beworbenen Produkts sollte nicht auf dem Bild sein, sonst denken die Leute, du spinnst.

chen sind Namen von (weiblichen) Figuren aus Jane-Austen-Romanen, bei Jungen die Nachnamen von amerikanischen Präsidenten des 19. Jahrhunderts. Wenn dir selbst bei einem fiktiven Kind der Gedanke, ihm einen dermaßen bescheuerten Namen zu geben, den Magen umdreht, kannst du immer noch »Junior« sagen.

4. Als Nächstes gibst du in der Lokalzeitung oder einer Online-Jobbörse eine Anzeige auf, dass du ein Au-pair-Mädchen für deinen Nachwuchs suchst. Dazu solltest du Anforderungen auflisten, wie etwa frühere Erfahrung, Referenzen, Zeugnisse, sodass es echt aussieht. Vielleicht kannst du auch »pralle Möpse« irgendwo unterbringen.

5. Lade zukünftige Kindermädchen zu einem Vorstellungsgespräch zu dir ein, und stelle Bilder und Spielzeug gut sichtbar zur Schau. Erkläre ihr, dass du dein Kind zum Unterricht geschickt hast, damit du dich ganz darauf konzentrieren kannst, sie besser kennenzulernen. Da die meisten Au-pair-Mädchen früher oder später sowieso mit dem Vater schlafen, könnt ihr vielleicht auch gleich zur Sache kommen.

DER

LOTTOGEWINNER

Erfolgsquote	45 %
Zielgruppe	Geldgierige
Voraussetzungen	Lottoschein, Videokassette
Vorbereitungszeit	eine Stunde
Schwachpunkte	ironischerweise teuer

DIE MASCHE

1. Nimm die Ziehung der Lottozahlen bei einem Lokalsender auf Video auf, und kaufe am folgenden Tag einen Lottoschein, auf dem du diese Gewinnzahlen ankreuzt.

2. Geh in deine Stammkneipe, und bring den Barkeeper dazu, dass er das Video auf dem Fernseher laufen lässt. Gib ihm nicht mehr als zwanzig Euro, denn deine Aussichten auf sechs Richtige sind nicht größer als die Aussichten auf sechs Richtige.

3. Nimm Aufstellung in der Nähe der Zielperson, gib dem Barkeeper das Zeichen, und zieh deinen Lottoschein aus der Tasche. Zeig ihr den Schein, und sag etwas Sinnvolles, etwa: »Das ist Bellos große Chance auf eine Knochenmarktransplantation.«

4. Wenn die Gewinnzahlen bekannt gegeben werden, stockt dir der Atem, und du bittest sie, für dich noch einmal die Zahlen auf dem Schein zu lesen. Wenn sie bestätigt, dass dort die Zahlen stehen, die gerade im Fernsehen kamen, drehst du vollkommen durch. Mit etwas Glück ist sie genauso aufgeregt wie du

und hüpft vor Freude auf und ab, was unter dem Tittenaspekt noch ein Extrabonus ist.

5. Mitten in dieser Begeisterung wirst du plötzlich nachdenklich und sagst folgenden Spruch auf:

»Na toll, von jetzt an werde ich von Leuten und Frauen umgeben sein, die mich nur wegen meines Geldes wollen. Aber du ... du hast ja schon vorher mit mir geredet! Willst du mit mir essen gehen, und dann überlegen wir zwei zusammen, was ich am besten mit dem ganzen Geld anfange?«

6. Beim Essen redest du von all den wohltätigen Zwecken, für die du nun etwas stiften kannst (siehe die Liste unten). Das Essen brauchst du nicht zu bezahlen: Wenn die Rechnung kommt, »merkst« du, dass du dein ganzes Bargeld für den Lottoschein ausgegeben hast, und sagst ihr mit strahlendem Lächeln, dass du es ihr schon zurückzahlen wirst.

7. Schlafe mit ihr.

TIPP

Wohltätigkeitsorganisationen, die so wunderbar klingen, dass es ihr glatt das Höschen auszieht:

- Eine Handvoll Reis für Knuddelkinder
- Der Arme-Ritter-Bund
- Designerschuhe für die Obdachlosen
- Polizeisportverband
- Hilfe für bedrohte Hündchen. Pferdchen. Nein ... Einhörner! Bedrohte Einhörner, das ist es.

DER

ANRUF BEI BARNEY STINSON

Erfolgsquote	99 %
Zielgruppe	Frauen, die für Stars schwärmen
Voraussetzungen	gute Plätze bei einer Sportveranstaltung
Vorbereitungszeit	eine Stunde
Schwachpunkte	astronomische Handyrechnung

DIE MASCHE

1. Besorg dir Karten für eine größere Sportveranstaltung oder sonst etwas, was anständig Fernsehzuschauer hat.
2. Male ein Schild, auf dem du attraktive alleinstehende Frauen aufforderst, sich bei dir zu melden, und vergiss deine Telefonnummer nicht. Das Schild hältst du dann hoch.
3. Frauen werden anrufen, weil sie dich im Fernsehen gesehen haben.
4. Du solltest die Anruferinnen überreden, dir ein Bild von sich zu schicken, damit du keine Zeit durch Verabredungen mit Mauerblümchen vergeudest oder mit Frauen, die schon 29 waren, als Saddam Hussein noch an der Macht war.
5. Schlafe mit deinen Verehrerinnen.

DIE

VERLORENE KATZE

Erfolgsquote	50 %
Zielgruppe	Tierfreundinnen
Voraussetzungen	Transportkörbchen
Vorbereitungszeit	Stunden
Schwachpunkte	Niesen und Jucken

DIE MASCHE

1. Mach einen Spaziergang durch dein Viertel, und achte dabei auf die Zettel, die an Laternenpfähle geklebt sind. Früher oder später wirst du eine Suchanzeige für eine vermisste Katze finden. Nimm sie mit.

2. Geh zum Tierheim, und lass dir eine Katze geben, die der vermissten einigermaßen ähnlich sieht.

?: *Ist es Tierquälerei, wenn ich Flecken oder Streifen aufmale, damit sie wie die Katze auf dem Bild aussieht?*

!: Das musst du mit deinem Herrgott ausmachen.

3. Ruf die Besitzerin an, und bring ihr »ihre« Katze. Wenn die Besitzerin es wert ist, kassiere die Belohnung.

WIESO FUNKTIONIERT DAS?
Wissenschaftliche Untersuchungen haben ergeben, dass 83 % aller Katzenbesitzer weiblich sind, 100 % sind einsam.

DER

ZEITREISENDE

Erfolgsquote	1,21 %
Zielgruppe	Science-Fiction-Leserinnen, leichtgläubige Landpomeranzen
Voraussetzungen	als alter Mann schminken; zwei Bros
Vorbereitungszeit	eine gute Stunde
Schwachpunkte	Erfolgsquote 1,21 %

 **DIE MASCHE**

1. Mache dich mit Make-up so zurecht, dass du wie ein alter Mann aussiehst. Bei vorstehenden Adern kannst du ruhig dick auftragen, aber nicht so dick wie Ian McDiarmid im *Krieg der Sterne*.
2. Betritt als alter Mann deine Stammkneipe, nähere dich einer Zielperson, und frag sie, wie sie heißt. Nachdem sie dir ihren Namen genannt hat, sagst du: »Ich wusste es. Du bist die [ihr Name], die alles noch ändern kann ... oder den Untergang besiegeln.«
3. Erkläre ihr, dass du in dringenden Geschäften aus der Zukunft kommst. Zum Beweis zeigst du auf einen deiner Bros und sagst mit lauter Stimme, dass in exakt vier Sekunden dieser Bursche dort dem anderen – du zeigst auf denjenigen Bro, den du weniger magst – eine Ohrfeige geben wird.

4. Für deinen ersten Bro ist das das Stichwort, dem anderen eine runterzuhauen. Am besten verzichtet ihr darauf, dem dritten Bro diesen Plan vorab zu erklären, denn

   A. er könnte sich weigern.
   B. wenn er nicht damit rechnet, ist es viel komischer.

5. Erkläre ihr, dass binnen weniger Minuten dein jüngeres Ich, dein Ich aus ihrer Zeit, eintreten wird und dass – so unglaublich das klingt – sie mit ihm schlafen muss, wenn sie die Erde retten will. Und zwar heute Nacht. Wenn sie das nicht tut, wird er das Mittel gegen die Erderwärmung, die die ganze Menschheit bedroht, niemals finden.

6. Mach dich davon, bevor sie Schwachstellen in deiner Logik findet (keine Sorge, es gibt keine). Sag ihr, du musst zurück in den Realitätsbeschleuniger, bevor der Vortex sich schließt, oder sonst etwas Pseudowissenschaftliches, um sie zu verwirren. Frauen verstehen nichts von Wissenschaft – das ist wissenschaftlich erwiesen.

7. Schminke dein Altmännergesicht ab, und kehre zurück in die Bar, und dann wartest du, bis sie dich wiedererkennt. Wenn sie schwer von Begriff ist – und das muss sie sein, wenn du mit dieser Masche Erfolg haben willst –, sag laut zu niemand Bestimmtem, dass deine Forschungen dich noch um den Verstand bringen.

8. Zeig ihr, was du unter Erderwärmung verstehst.

DER

VAMPIR

Erfolgsquote	ziemlich hoch, würde ich vermuten
Zielgruppe	Mädels, die sich immer noch für 14 halten
Voraussetzungen	Tic Tacs (Pfefferminz), Klebeband
Vorbereitungszeit	kommt darauf an, wie lange du dafür brauchst, dir mit Klebeband und Tic Tacs die Zähne zu verlängern
Schwachpunkte	Gothic-Kleidung ist zwingend

DIE MASCHE

1. Versichere der Zielperson, du seist ein Vampir.
2. Schlafe mit ihr.

Ich gebe zu, das ist nur so eine Idee, aber Vampire sind doch gerade groß in Mode, und da könnte das klappen. Vielleicht ein Vampir, der seine eigene Kochsendung im Fernsehen hat, oder ein Vampir-Patisseur mit ganz besonderen Törtchen? Die Konditorei könnte man Süßzahn nennen. Auf der Visitenkarte das Bild eines Vampirs, der gerade in einen Designermuffin beißt. He, das sähe doch tatsächlich süß aus! Doof, meine ich. Spielt ja auch keine Rolle. Versuch es meinetwegen, mir ist das egal. Mir ist das ehrlich egal. War ja nur so eine Idee. Jetzt reg dich doch nicht so auf, Mann. Meine Güte.

DIE
BARNEY-IDENTITÄT

Erfolgsquote	13 %; 74 %, wenn du aussiehst wie Matt Damon
Zielgruppe	Paranoide
Voraussetzungen	ein teuer aussehender Kugelschreiber
Vorbereitungszeit	keine
Schwachpunkte	eine Menge Lauferei

DIE MASCHE

1. Nachdem du eine Zielperson gewählt hast, sprinte zu ihr hin, drück ihr den Kugelschreiber in die Hand und sag: »Schnell! Versteck das in deinem BH. Das ist ein hochgeheimer Mikrofilm. Wenn der in falsche Hände gerät, ist das ganze Land in Gefahr.«

2. Sieh genau hin, und vergewissere dich, dass sie ihn auch wirklich versteckt, dann sprinte wieder nach draußen.

3. Zwanzig Minuten später kehrst du zurück, ein wenig verschwitzt.

4. Sag ihr, ihr zwei müsst sofort verschwinden – sie sind hinter dir her. Du musst schnellstens an einen sicheren Ort, an dem du die Bombe in dem Stift entschärfen kannst, aber du kannst nicht zu dir, denn da werden sie dich als Erstes suchen.

5. Bei ihr zu Hause angekommen, drückst du bedeutungsvoll den Kugelschreiberknopf, dann atmest du erleichtert auf. Sag ihr, dass sie nicht nur dir das Leben gerettet hat, sondern der ganzen Welt ... es sei denn, du bist Russe, denn dann bist du der Bösewicht. Tut mir leid.

6. Genießt den Sex als gemeinschaftliche Retter der Welt.

DER

JUNGE MANN UND DAS MEER

Erfolgsquote	kommt darauf an, ob sie beißen
Zielgruppe	Seeschlampen
Voraussetzungen	schmutziger Pullover, dicke Mütze, Holzbein
Vorbereitungszeit	ein paar Tage
Schwachpunkte	Knotenbinden will gelernt sein

DIE MASCHE

1. Rasiere dich ein paar Tage lang nicht, bis du einen schönen Stoppelbart hast. Wenn du ein Milchgesicht bist, lässt sich der Effekt auch mit einem Filzstift erreichen.

2. Stülp dir die Mütze über, schlüpf in einen schmutzigen Pullover, mach eine finstere Miene wie jemand, der weiß, wie es in der Welt aussieht, und begib dich in deine übliche Bar.

3. Geh neben der Zielperson vor Anker, und brabbele, an niemand Speziellen gerichtet, etwas von den Gefahren des Lebens auf See vor dich hin. Schlüsselwörter, die für einen authentischen Eindruck sorgen, sind zum Beispiel »Kaventsmann«, »internationale Schifffahrtslinien« oder »Gespensterpiraten«.

4. Wenn deine Zielperson endlich fragt, was du so machst, erklärst du ihr, dass du Fischer bist und schon am folgenden Tag für mehrere Monate auf Hochseefahrt gehst.

5. Wenn sie jetzt anbeißt, dann holst du die Leine ein und hast sie im Käscher. Und um das kristallklar zu machen: Ich rede hier von Sex.

WIESO FUNKTIONIERT DAS?

Auf einer urtümlichen Bewusstseinsebene bewundert jede Frau einen Mann, der ihr das Abendessen mit der Hand fangen kann (abgesehen von einem millionenteuren Trawler, Netzen, Echolot usw.). Und sie bewundern einen Mann, der die Gefahr nicht scheut. Ein Fischer punktet in beiden Bereichen, und da er ja am folgenden Tag auf See geht, werden ihre Freundinnen schon nicht mitbekommen, dass sie mal kurz die Seejungfrau spielt.

Maschen für Fort-geschrittene

(Don Juan)

DAS

PROJEKT X

Erfolgsquote	22–83 %, je nachdem, wie süß der Affe ist
Zielgruppe	Tierfreundinnen
Voraussetzungen	ein Schimpanse, eine Schimpansenleine
Vorbereitungszeit	unterschiedlich, je nach Verfügbarkeit von Affen
Schwachpunkte	Folgendes kommt nicht vor: • Verkleidung des Schimpansen

DIE MASCHE

1. Besorg dir einen Affen.
2. Geh mit dem Affen in eine Bar.
3. Nimm zusammen mit dem Affen in der Nähe der Zielperson Aufstellung.
4. Wenn sie nach dem Affen fragt, erkläre ihr, dass du ihn aus einer Tierversuchsanstalt befreit hast. Wenn sie Näheres wissen will, schüttle einfach nur den Kopf und murmele: »Kosmetika.«
5. Klag ihr dein Leid, dass du jetzt nicht nach Hause kannst, weil »sie« dort nach dir suchen werden. Sie wird sofort verstehen und dich zu sich einladen. Wenn sie zögert, greife zu einer Lüge, und versichere ihr, dass der Affe stubenrein ist.
6. Gib dem Affen unauffällig ein Schlafmittel, damit er dir nicht in die Quere kommt, wenn du dich Wichtigerem widmest.

DER

LEBENSRETTER

Erfolgsquote	11 %
Zielgruppe	Strandhasen, Collegemädchen
Voraussetzungen	Sonnencreme, ein vertrauenswürdiger Bro
Vorbereitungszeit	keine!
Schwachpunkte	• Wenn du Pech hast, rettet dich ein Kerl. • sieht vielleicht ein bisschen blöd aus • kann tödlich sein

DIE MASCHE

1. Such dir eine weibliche Poolaufsicht oder Rettungsschwimmerin aus.
2. Geh ins Wasser, tauche unter und atme nicht mehr.
3. Die Wiederbelebung erfolgt, wenn du Glück hast, per Mund-zu-Mund-Beatmung durch eine tolle Frau.
4. Nachdem sie dir das Leben gerettet hat, lädst du sie zum Abendessen ein. Der Adrenalinpegel des Tages sollte reichen, euch ins Schlafzimmer zu bringen, wo der Bro deines Vertrauens das Ganze dann mit der Videokamera festhält.

ANMERKUNG

Die Masche geht davon aus, dass du wiederbelebt wirst, doch vergiss nicht, dass Rettungsschwimmerinnen traditionellerweise nicht wegen ihrer Kompetenz als Lebensretter ausgewählt werden, sondern weil sie im Badeanzug und mit einer Trillerpfeife zwischen den Brüsten gut aussehen. Wenn sie dich nicht rettet, kann dein treuer Bro einspringen, doch sollte dir klar sein, dass du ihn nicht – auch nicht aus dem Leben nach dem Tode – zur Rechenschaft ziehen kannst, wenn er dich nicht rechtzeitig bemerkt, weil die Rettungsschwimmerin im Badeanzug und mit einer Trillerpfeife zwischen den Brüsten so gut aussieht.

DER

SCHLANKHEITSGURU

Erfolgsquote	50 %
Zielgruppe	Mädels, die sich für zu dick halten – mit anderen Worten: alle! Danke, Barbie!
Voraussetzungen	einigermaßen sportliche Konstitution
Vorbereitungszeit	keine!
Schwachpunkte	Das ganze Gerede vom Essen macht einen hungrig.

DIE MASCHE

1. Nähere dich der Zielperson, und mach ihr ein Kompliment dafür, dass sie so sportlich aussieht. Frag sie, was sie isst; dann entschuldigst du dich sofort für die Frage – du fragst nur aus beruflichem Interesse, weil du nämlich als Arzt dein eigenes Schlankheitsrezept entwickelt hast. Jawohl, du hast eine Methode gefunden, bei der sie essen kann, was sie will, und trotzdem schlank bleibt. Sogar Cremeschnittchen? Sogar Cremeschnittchen.

2. Berauscht von dem Gedanken, dass du das Geheimnis einer Gewichtskontrolle ohne Mühen kennst, wird die Zielperson sich nun nach deinem Rezept erkundigen. Sag ihr, du kannst es ihr erklären, doch vorher musst du einen Blick in ihren Kühlschrank werfen.

3. Bei ihr zu Hause erklärst du ihr, dass sie essen kann, was immer sie will, wenn sie nur genug Bewegung dabei hat.

4. Zeig ihr, wie man am besten Kalorien verbraucht.

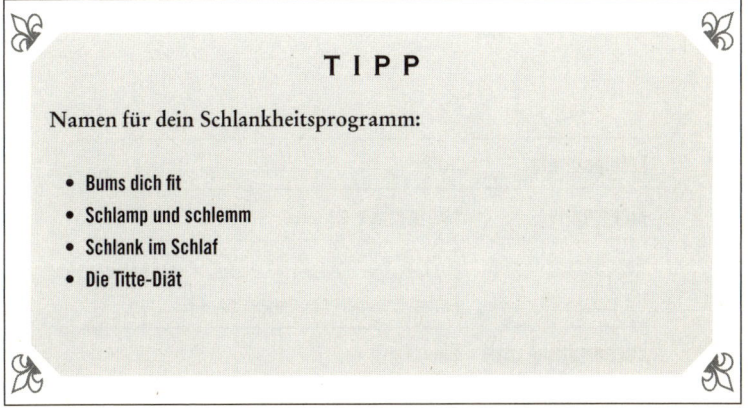

TIPP

Namen für dein Schlankheitsprogramm:

- Bums dich fit
- Schlamp und schlemm
- Schlank im Schlaf
- Die Titte-Diät

DAS

ĐÉJÀ-VU

Erfolgsquote	30 %
Zielgruppe	Leichtgläubige
Voraussetzungen	ein Bro, bei dem du dich darauf verlassen kannst, dass er's vergurkt
Vorbereitungszeit	ein paar Bier
Schwachpunkte	»Ein Bro, bei dem man sich darauf verlassen kann, dass er's vergurkt, vergurkt es vielleicht, indem er es nicht vergurkt.« Konfuzius

DIE MASCHE

1. Lass deinen Bro eine Masche aus diesem Buch aussuchen, die er erfolglos bei deiner Zielperson anwendet.

2. Nach seinem gescheiterten Anlauf näherst du dich der Zielperson mit demselben Trick.

3. Wenn sie jetzt ausflippt und brüllt, dass dein Freund es gerade erst mit dieser Masche probiert hat, verrätst du den Kerl. Du erklärst ihr, dass er sich auf deine Kosten gesundstoßen wollte: Du bist der echte Bassist von Cheap Trick oder der echte Jorge Posada oder was auch immer.

4. Wenn ihr euch erst mal einig seid, was für ein Armleuchter dieser Kerl ist, werdet ihr euch bei allem anderen auch einig werden.

DER

VERLIEBTE

Erfolgsquote	95 %
Zielgruppe	alle Arten von Frauen
Voraussetzungen	Geduld, ein offenes Ohr, ein warmes Herz
Vorbereitungszeit	einige Monate bis zu einem Jahr
Schwachpunkte	sehr zeitaufwendig; kann ins Geld gehen

DIE MASCHE

1. Nähere dich der Zielperson, und stell dich ihr vor.
2. Unterhalte dich ungezwungen mit ihr, und tausche Informationen aus, die bei zukünftigen Begegnungen nützlich sind.
3. Im Laufe der Zeit – das kann zwischen 14 Tagen und mehreren Monaten dauern – lernst du, was ihr an Interessen und Einstellungen gemeinsam habt. Zugleich versuchst du herauszufinden, welche Bemerkungen oder Beobachtungen sie zum Lachen oder Lächeln bringen.
4. Je besser ihr euch kennenlernt, desto häufiger wird es dir passieren, dass du ganz unvermittelt an sie denkst oder ein Geschenk für sie kaufst, einfach nur weil du weißt, dass sie darüber lachen wird, weil es so albern ist. Mach dir deswegen keine Sorgen.
5. Jetzt, wo ihr verliebt seid, kannst du mit ihr ins Bett gehen und dich gleichzeitig nach der nächsten Eroberung umsehen!

DER

Ich-weiss-wie man-dieses-Flugzeug-landet

Erfolgsquote	9 %
Zielgruppe	Frauen mit Flugangst
Voraussetzungen	zwei Erste-Klasse-Tickets, Schminke, Turbulenzen
Vorbereitungszeit	keine
Schwachpunkte	• teuer • Du verbringst einen Teil des Flugs in der Touristenklasse. • Auf Flugplätzen hat man heutzutage nichts als Ärger.

DIE MASCHE

1. Kaufe zwei Tickets erster Klasse für denselben Flug.
2. Steig ein, setz dich auf einen deiner Plätze, und schau dir das Angebot an, während es vor dir den Gang entlangspaziert. Du könntest zwei Gucklöcher in deine Zeitung schneiden, damit es nicht so auffällig ist.

3. Vor dem Start gehst du den Gang hinunter, bis du eine Zielperson entdeckst. Mit sonorer Stimme bietest du dem Fluggast neben ihr deinen Erste-Klasse-Platz an. Wenn du eine Erklärung brauchst, sag, die Platznummer sei deine Glückszahl oder der Betreffende habe den Platz vorne gewonnen oder du wolltest heute ausnahmsweise einmal beim gemeinen Volk sitzen.

4. Bei den ersten Anzeichen von Turbulenzen schaust du zum Fenster hinaus und sagst: »Meine Güte, wir haben gerade das Passgangventil verloren.«

5. Erkläre, dass du selbst Pilot bist und dass der Verlust des Passgangventils eine ziemlich ernste Angelegenheit ist. Wie ernst? Im Simulator hast du einmal ein Flugzeug unter solchen Bedingungen gelandet, doch im Ernstfall ist es noch nie jemandem gelungen. Der Pilot braucht jetzt deine Hilfe. Die braucht ihr alle.

6. Geh wieder nach vorn, und setz dich für den Rest des Fluges auf deinen zweiten Erste-Klasse-Platz. Unmittelbar vor der Landung schminkst du dir ein paar Schrammen und spritzt dir Wasser ins Gesicht, so als ob dir der Schweiß auf der Stirn stünde.

7. Nach der Landung stellst du dich vorn an den Ausgang und nickst freundlich, so als ob die Fluggäste sich bei dir bedankten. Wenn die Zielperson kommt, schließt du dich ihr an und siehst zu, dass du auch bei ihr landen kannst.

DER

JUNGE IN DER KUNSTSTOFFHÜLLE

Erfolgsquote	1 %, aber das eine Prozent lohnt sich
Zielgruppe	Dummchen
Voraussetzungen	ein großer, durchsichtiger Ballon
Vorbereitungszeit	eine Stunde zum Aufblasen des Ballons
Schwachpunkte	Es kann ganz schön warm werden.

DIE MASCHE

1. Besorg dir einen großen, durchsichtigen Ballon.
2. Begib dich ins Innere dieses Ballons.
3. Mach dich in diesem Ballon auf zu deiner üblichen Bar.
4. Erkläre der Zielperson, dass du im Inneren dieser Schutzhülle leben musst und dass es für dich nichts Schlimmeres gibt als die Tatsache, dass du niemals die Berührung einer Frau spüren kannst.
5. Öffne »aus Versehen« deinen Ballon, und berühre sie am Arm. Wider Erwarten stirbst du nicht auf der Stelle, und jetzt kannst du ihr gar nicht genug dafür danken, dass sie dich geheilt hat.
6. Später lädst du sie in deinen Ballon ein, und ihr habt zusammen tollen Ballonsex.

DIE

MRS. STINSFIRE

Erfolgsquote	7 %
Zielgruppe	Studentinnen
Voraussetzungen	weites Kleid, Schminke, Zwicker … vielleicht noch eine falsche Perlenkette?
Vorbereitungszeit	ein Semester
Schwachpunkte	Bei diesen Studentinnenverbindungen weiß man nie.

🕮 DIE MASCHE 🕮

1. Suche so lange auf Uniwebsites, bis du ein Stellenangebot für eine Hausmutter bei einer Studentinnenvereinigung findest.
2. Mach dich wie eine alte Dame zurecht.
3. Wenn du den Posten ergattert hast, stellst du dich »deinen Mädels« vor und erwähnst dabei auch gleich deinen kapitalkräftigen Sohn.
4. Überzeuge die Hausverwaltung, dass ein hochmodernes Sicherheitssystem mit Überwachungskameras und all dem Kram unbedingt erforderlich ist – um der Mädels willen.
5. Am Wochenende kommt dein »Sohn« zu Besuch, du fühlst dich plötzlich unwohl und ziehst dich auf dein Zimmer zurück, und »er« hat das Haus ganz für sich.

ACHTUNG!

Damit du nicht gleich wieder gefeuert wirst, musst du auch die Aufgaben einer Hausmutter versehen. Als erste Anregung kann dir das folgende Beispiel für einen Wochenplan dienen.

BEISPIEL FÜR DEN WOCHENPLAN EINER STUDENTINNENVERBINDUNG

	Montag	Dienstag	Mittwoch	Donnerstag	Freitag	Samstag	Sonntag
20.00	Bottleparty	*Theaterabend!* Thema: »Dein Körper und du«	ältere Schwester: Lebenslauf und Bewerbungsschreiben jüngere Schwester Kusswettbe...	Gastvortrag Professor Dorothy Williams: »Der Kampf um die Frauenbefreiung«	Gruppenbild Thema? Wilde Tiere! *Rawwwrrr!*	*Frühlingsbad!*	Filmabend! *Natürlich Blond* *Unnatürlich Blond*
21.00	*Kissenschlacht!*	Vollversammlung	eingehende Besprechung mit Zimmervorsteherinnen	erster jährlicher Bikini-Küchenputz	*Höschentauschparty*	*Frühlingsbad!*	*Stirb langsam*
22.00	Bettenkontrolle	Bettenkontrolle	Duschkontrolle	Bettenkontrolle			

DER

TÜRSTEHER

Erfolgsquote	30 %; 3 % bei Regen
Zielgruppe	High-Society-Girls
Voraussetzungen	Gettoblaster, Samtkordel, Schreibbrett
Vorbereitungszeit	ein paar Stunden
Schwachpunkte	Bei einem Mädel zum Zuge zu kommen ist natürlich nicht vergleichbar mit einem Liveact deines Lieblingsmusikers.

🖐 DIE MASCHE 🖐

1. Zieh dich schön an.
2. Finde einen Hinter- oder Nebeneingang zu einem Veranstaltungssaal, an dem mögliche Zielpersonen in großer Zahl vorbeikommen, und zäune diesen Bereich mit Samtkordel und Ständern ab.

?: *Wo bekomme ich denn Samtkordel und Ständer her?*

!: Die stehen überall rum, zum Beispiel in deinem örtlichen Kino oder im Museum. Du nimmst sie einfach mit. Wenn jemand dich fragt, was du da machst, zeigst du auf dein Schreibbrett und sagst nur: »Verwaltung.«

3. Nimm eine Live-CD deines liebsten (lebenden) Musikers, und stecke sie in den Gettoblaster. Lass die Scheibe laufen, und »bewache« die Tür.

4. Leute werden sich anstellen, denn nichts lockt die Leute mehr als eine Schlange, bei der Leute für etwas anstehen ... gerade wenn du ihnen sagst, dass Bruce Springsteen ein unangekündigtes Konzert gibt und dass eventuell noch Plätze frei sind.

5. Wähle eine Zielperson aus der Schlange, vergewissere dich, dass sie wirklich ganz, ganz doll reinwill, und sieh dann zu, was du für sie tun kannst.

DER

MILLIARDÄR

Erfolgsquote	100 %
Zielgruppe	jede Frau in Raum und Zeit
Voraussetzungen	1.000.000.000,00 Euro
Vorbereitungszeit	wahrscheinlich mehrere Leben
Schwachpunkte	• die Steuern • Krampf in der Hand vom Ausstellen der vielen Schecks für wohltätige Zwecke • Bauzeiten für Superjachten sind dermaßen lang, dass sie schon wieder veraltet ist, bis sie fertig ist. Puh!

DIE MASCHE

1. Erwirb eine Milliarde Euro.

2. Schlafe mit Frauen.

DIE

TROJANISCHE LESBE

Erfolgsquote	unter 1 %
Zielgruppe	Lesben, aufgeschlossene Mädchen
Voraussetzungen	Glück
Vorbereitungszeit	45 Minuten
Schwachpunkte	Du musst die Vorurteile deiner Mitmenschen ertragen.

DIE MASCHE

1. Zieh dich so an, wie du dir eine Lesbe vorstellst. Es gibt dafür keinen Dresscode, und egal, was du nimmst, irgendjemand wird es immer anstößig finden. Aber ohne das funktioniert die Sache nicht.

2. Rasiere dich, so gut du kannst. Im Gesicht, meine ich.

3. Begib dich in eine Homosexuellenbar, und mach dich an das heißeste Mädel ran. Nachdem du dich vergewissert hast, dass sie keinen Adamsapfel hat, fragst du sie, ob sie nicht lieber mit nach draußen kommen will.

4. Später, wenn ihr rumknutscht, versuch deine Männlichkeit so lange wie möglich zu verbergen. Wenn die Katze schließlich doch aus dem Sack ist, versichere ihr, dass es ein künstliches Teil ist. Nimm es nicht persönlich, wenn sie dich fragt, warum du keinen Größeren gekauft hast.

DER

REBELL

Erfolgsquote	100 %
Zielgruppe	rückständige Kleinstadtmädchen
Voraussetzungen	Tanzschritte, alte Mühle, rückständige Kleinstadt
Vorbereitungszeit	Anreise zur rückständigen Kleinstadt
Schwachpunkte	rückständige Kleinstadt

DIE MASCHE

1. Hör dich um, ob es in der Umgebung Städte gibt, in denen Tanz und/oder Rockmusik verboten sind. Wenn du keine findest, nimm einen Bus in die Pampa.

2. Wenn du erst einmal eine Gemeinde gefunden hast, die noch weiß, wo der Teufel steht, spielst du mit voller Lautstärke Rocknummern von Leuten wie Kenny Loggins und übst dabei deine Tanzschritte auf der Tenne einer alten Mühle. Das wird die Einheimischen irgendwie ärgern und, wichtiger, all die verklemmten Dorfmädels anlocken.

3. Nimm an einem Traktorrennen teil, und gewinne es.

4. Organisiere ein Tanzvergnügen für die Stadt, und du hast die freie Wahl unter den Schönen vom Lande.

DER

TRÖSTER IN DER NOT

Erfolgsquote	ich wünschte, es wären 0 %
Zielgruppe	trauernde Mädchen
Voraussetzungen	ein wirklich mieser Charakter
Vorbereitungszeit	keine ... wenn du kein Herz hast
Schwachpunkte	• Krankenhausgeruch
	• Krankenhausessen
	• Krankenhauslektüre
	• lebenslange Gewissensbisse

DIE MASCHE

1. Lungere im Warteraum eines Krankenhauses herum.

2. Wähle unter den anwesenden Freunden und Verwandten eine Zielperson aus.

3. Wenn der Arzt mit schlechten Nachrichten kommt, biete ihr deine Schulter und auch andere Körperteile an, damit sie sich daran ausweinen kann.

4. Spende dem Krankenhaus oder sonst einer Organisation einen ordentlichen Batzen, denn das war schon echt eine Schweinerei, Mann.

?: *Aber Barney, du hast dir diese Masche doch selbst ausgedacht!*

!: Ach, halt den Mund.

DER

E-PLURIBUS-UNUM

Erfolgsquote	28 %
Zielgruppe	die, die vom Schicksal dazu ausersehen sind
Voraussetzungen	Geduld
Vorbereitungszeit	Jahre
Schwachpunkte	Krämpfe in der Hand

DIE MASCHE

1. Wähle eine Zielperson.
2. Schreibe deinen Namen und deine Telefonnummer auf eine Banknote, und gib sie ihr. Sag ihr, sie kann das Geld ausgeben – unter der Bedingung, dass sie dir verspricht, dich anzurufen, wenn sie den Schein jemals wieder in die Hände bekommt, denn dann gibt das Schicksal euch klar und unmissverständlich zu verstehen, dass ihr zwei füreinander bestimmt seid.
3. Geh zu deiner Bank, hebe 5000 Dollar in einzelnen Dollarnoten ab, und schreibe überall deinen Namen und deine Telefonnummer drauf.
4. Wiederhole die Schritte 1 und 2, bis sämtliche Scheine in Umlauf sind, und mach dich bereit für all die Anrufe.

DER

PRÄSIDENT

Erfolgsquote	0,0000000001 %
Zielgruppe	Wahlhelferinnen, Wählerinnen
Voraussetzungen	fester Händedruck, weiße Zähne, 270 Wahlmännerstimmen
Vorbereitungszeit	mindestens 35 Jahre
Schwachpunkte	• Babys küssen • Frömmelei • So ein Wahlkampf schlaucht.

DIE MASCHE

1. Gewinne eine Bürgermeisterwahl, und starte dann sofort zum Parlamentsabgeordneten durch, indem du gegen einen todkranken Gegner antrittst.

2. Werde Gouverneur, und halte dich weitgehend an populistische Parolen, wirf aber auch den Geldsäcken ein paar Bissen zu, indem du mindestens eine finanzkräftige Firma dazu bringst, sich in deinem Bundesstaat neu anzusiedeln. Zeige Ausgeglichenheit, indem du dich als Hardliner in puncto Todesstrafe profilierst und zugleich klammheimlich die Geldmittel für Hinrichtungen kürzt. Wenn es der Wirtschaft gut geht, schreibst du das dir zu. Liegt die Wirtschaft am Boden, ist es die Schuld der Regierung oder, wenn du in einem Grenzstaat lebst, der illegalen Einwanderer.

3. Nach zwei Amtszeiten als Gouverneur bewirbst du dich um das

Präsidentenamt. Stell ein progressives Programm auf, das der Parteilinken gefällt, sich aber nach den Vorwahlen ohne Weiteres in Richtung Mainstream umbiegen lässt.

4. Wenn du nicht aus den Südstaaten stammst, solltest du jetzt einen Stellvertreter wählen, der von da kommt. Außerdem wird es Zeit, sich eine Wahlkampfhymne auszusuchen. Fleetwood Mac ist immer gut, solange es nicht »Little Lies«, »Landslide« oder »Rhiannon« ist, denn das wäre ja doch abwegig.

5. Besuch eine Militärbasis, schlag einen Ball, ohne dass er seitlich vom Spielfeld geht, und stell sicher, dass mindestens ein Foto von dir in Umlauf ist, auf dem du einen Bauarbeiterhelm trägst. Versprich einen fairen Wahlkampf, lass aber deinen Stellvertreter Tiefschläge gegen deinen Gegner austeilen, am besten mit so volkstümlichen Wendungen wie »so hat meine Oma das aber nicht gemacht« oder »das ist nicht das Amerika, das ich kenne« oder »da, wo ich herkomme, da brät man den Vogel erst, wenn man ihn geschossen hat«.

6. Erringe die absolute Mehrheit der Wahlmännerstimmen, oder sorg dafür, dass du das Überprüfungsverfahren beim Obersten Gerichtshof gewinnst, und schwöre dann selbstbewusst, doch ernsthaft den Amtseid – schließlich hast du jetzt eine ziemliche Verantwortung.

7. Von nun an kannst du die Mädels flachlegen.

Wieso funktioniert das?

Macht zieht die Frauen an, und mächtiger als der amerikanische Präsident kann man nicht werden, es sei denn, man wird Medienzar. Alle denken, Kennedy und Clinton seien die beiden größten Schwerenöter im Amt gewesen, doch derjenige, der seine Stellung wirklich ausnutzte, war Franklin Roosevelt. Nicht nur, dass er tat, als hätte er Kinderlähmung und müsste im Rollstuhl sitzen, was ihm natürlich einen Mitleidsbonus noch zusätzlich zu seinem Glanz als Oberbefehlshaber gab, sondern er war auch der einzige Präsident, der mehr als zwei Amtszeiten diente.

NIERENSPENDER

Erfolgsquote	24 %
Zielgruppe	Mädels mit großem Herzen – aber hoffentlich auch großem Busen
Voraussetzungen	Krankenhausarmband, Bro
Vorbereitungszeit	minimal
Schwachpunkte	Man sollte sich informieren, wozu Nieren gut sind.

DIE MASCHE

1. Leg ein Krankenhausarmband an. Wenn du keines hast, schau mal im Müllcontainer eines Krankenhauses nach. Da ist mit Sicherheit eines drin ... neben vielem anderen.

2. Wenn du deine Zielperson gefunden hast, fuchtele mit dem Arm, bis ihr das Band auffällt. Sag, du willst nicht darüber

ANMERKUNG

Wenn du es allein machst, wink einfach irgendeinem Kerl zu, und wahrscheinlich winkt er zurück. Wenn er ein Gesicht macht, als wolle er dir in den Hintern treten, sag deiner Zielperson, dass das die Nachwirkungen der Narkose sind.

reden, und dann erklärst du ihr unverzüglich, dass du gerade eine deiner Nieren für deinen Kumpel gespendet hast. Wink deinem Bro zu, und der winkt zurück.

3. Sag ihr, dass ihr zwei schon seit dem Kindergarten beste Freunde seid, und wenn er nicht durchgekommen wäre, dann ... also, das wäre wirklich ein Schlag in die Nieren gewesen. Wenn du an dieser Stelle ein paar Tränen rausquetschen kannst, bringt das die Sache erst recht in Schwung. Und apropos Schwung ...

4. Versichere noch, dass deine übrigen Organe in bester Verfassung sind, und dann wird es Zeit für eine weitere Spende ...

DER

ICH-WEISS-WAS-
DU-WIEGST

Erfolgsquote	65 %
Zielgruppe	alle Frauen
Voraussetzungen	mathematische Grundkenntnisse
Vorbereitungszeit	keine!
Schwachpunkte	Fehleinschätzungen können unangenehm werden.

DIE MASCHE

1. Nähere dich der Zielperson, und sag ihr, dass du ihr Gewicht raten kannst.

2. Neugierig, verlegen, in Panik von all den Komplexen, die sie wegen ihres Körpers hat, wird sie wissen wollen, was du rätst.

3. Nimm das Gewicht, das du schätzen würdest, und zieh zehn Kilo ab. Dann ziehst du noch einmal drei Kilo ab. Das ist die Zahl, die du ihr nennst.

4. Schlafe mit ihr.

ERSTICKUNGSANFALL

Erfolgsquote	5 %
Zielgruppe	Rettungssanitäterinnen
Voraussetzungen	eine Brezel
Vorbereitungszeit	keine!
Schwachpunkte	möglicher Unfalltod durch Ersticken

DIE MASCHE

1. Suche dir eine Zielperson, beiße vor ihren Augen in eine Brezel und bekomme den Bissen in den falschen Hals.

2. Wenn sie dir einen Schlag auf den Rücken gibt oder wenn sie auch nur auf den Rücken klopft, und selbst dann, wenn sie überhaupt nichts getan hast, spuckst du das Stück Brezel aus und ringst nach Luft. Hier kannst du gar nicht dick genug auftragen.

3. Erklär ihr, dass nun, wo sie dir das Leben gerettet hat, die Ehre von dir verlangt, dass du ihr nicht mehr von der Seite weichst.

4. Bleib in ihrer Nähe, bis sie es nicht mehr aushält und dir versichert, dass du ihr nichts schuldig bist. Sag ihr, du kommst aus einer Familie, deren Ehrenkodex ausdrücklich verlangt, dass du bei deiner Lebensretterin bleibst, bis du ihr selbst das Leben retten kannst. Es sei denn, sie schläft mit dir. Das sind die Regeln.

5. Mit etwas Glück geht sie darauf ein. Wenn nicht, bleibt dir immer noch der Rest von der Brezel.

DER

GEIST DER ZUKÜNFTIGEN WEIHNACHT

Erfolgsquote	nicht hoch
Zielgruppe	eher ängstliche Mädchen
Voraussetzungen	ein Terminkalender und ein schwarzer Umhang mit Kapuze; nur am 23. Dezember praktizierbar
Vorbereitungszeit	Zeit, die du brauchst, bis du den Umhang umhast
Schwachpunkte	Das große Angebot an verschiedenen Terminkalendern kann verwirrend sein.

 **DIE MASCHE**

1. Leg deinen Umhang um, und zieh dir die Kapuze über.
2. Nähere dich der Zielperson, und sag: »Die beiden anderen Geister kennst du nun. Jetzt wird es Zeit, dir eine Weihnacht zu zeigen, wie sie erst noch kommen wird.«
3. Wenn sie dich verblüfft ansieht, zückst du deinen Terminkalender, schlägst dir an die Stirn und sagst: »Ach je, ich bin einen

Tag zu früh! Sommerzeit, Datumsgrenze, der ganze Kram. Meine Güte.«

4. Nimm die Kapuze ab, und erzähl ihr, worum es geht: Morgen werden zwei Geister kommen und ihr die Weihnacht vergangener Zeit sowie den diesjährigen Weihnachtsabend zeigen. Flehe sie an, dann überrascht zu tun, denn wenn die zwei Gestalten von deinem Schnitzer erfahren, hast du bis ans Ende aller Tage keine Ruhe mehr vor denen.

5. Jetzt ist sie neugierig und wird wissen wollen, wie das mit ihrer Zukunft ist. Sei ausweichend und sag ihr, dass sie das am kommenden Abend erfahren wird; wenn sie nicht lockerlässt, atmest du tief durch und erklärst ihr, dass sie einsam sterben wird, weil sie nicht genug lockeren Sex mit Wildfremden hatte. Oh. Jetzt hast du es ihr verraten. Du könntest einen Haufen Ärger bekommen dafür, dass du ihr das jetzt schon gesagt hast.

6. Während sie die Vorstellung vom einsamen Alter in ihrem Herzen bewegt, schlägst du deinen Kalender auf und denkst laut darüber nach, was du mit dem angebrochenen Abend machen sollst. Jetzt hast du dich extra in Schale geworfen und hast niemanden, dem du erscheinen kannst ...

7. Lass die Englein singen. (Ja, glaub mir. Ehrlich, bei mir hat das geklappt!)

DER

ᴛIEFSEETAUCHER

Erfolgsquote	1 %
Zielgruppe	Frauen, die glauben, sie könnten die Männer ändern, d.h. so ziemlich alle
Voraussetzungen	Sauerstoffflasche, Tauchermaske, Schwimmflossen, Neoprenanzug, normaler Anzug (unter dem Gummianzug)
Vorbereitungszeit	ein paar Jahre
Schwachpunkte	Neoprenanzug kann Ausschlag verursachen.

DIE MASCHE

1. Erzähl einer vorwitzigen Freundin vom *Playbook*.
2. Wende eine der Maschen bei einer Arbeitskollegin von ihr an, was sie so wütend macht, dass sie dir das *Playbook* stibitzt.
3. Zieh deine Taucherausrüstung an, und erzähl deiner Freundin, dass du jetzt noch eine weitere Nummer namens »Der Tiefseetaucher« bei der heißen Braut dort an der Bar probieren willst.
4. Deine Freundin, nennen wir sie Lily, geht zu dem Mädchen und verrät ihm alles über das *Playbook*.
5. Lily und die Zielperson wollen jetzt wissen, wie der Tiefseetaucher geht. Nimm deine Tauchermaske ab, und erzähl ihnen, wie durch und durch unsicher du tief in deinem Inneren bist – was

natürlich nicht stimmt, denn um das noch mal ganz klar zu sagen, du bist einfach der Größte.

6. Nun hat Lily ein schlechtes Gewissen und wird dich der Zielperson in den schönsten Farben schildern, bis diese bereit ist, mit dir Kaffee holen zu gehen.

7. Und. Die Sache. Läuft.

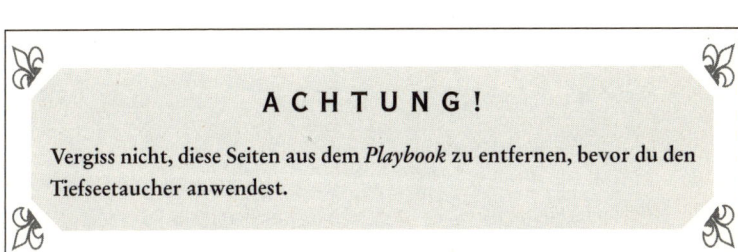

ACHTUNG!

Vergiss nicht, diese Seiten aus dem *Playbook* zu entfernen, bevor du den Tiefseetaucher anwendest.

TROUBLESHOOTING
UND FAQS

Warum verlangen so viele von diesen Maschen von mir, dass ich lüge – darüber, wer ich bin oder was ich kann, zum Beispiel im Mein-Penis-erfüllt-Wünsche?

Also wirklich. Das ist doch keine Lüge. Es ist nie und nimmer eine Lüge, klar? Vielleicht hast du ein klein wenig übertrieben, aber gelogen hast du nicht. Und Übertreiben gehört nun mal leider zu den Spielregeln im Kampf um Sex. Frauen stellen grotesk übersteigerte Anforderungen an die Männerwelt. Da wird erwartet, dass man »zurückruft«, »sich einbringt«, »etwas empfindet«. In Wirklichkeit gibt es so etwas höchstens bei Irrlichtern, Einhörnern und Zigeunern, und da ist es nur fair, wenn ihr im Gegenzug den Frauen erzählen dürft, dass ihr als Außerirdische auf der Erde festsitzt und nur in den Andromedanebel zurückkehren könnt, wenn sie mit euch schlaft ... aber natürlich nicht einfach nur »leg dich hin und lass den Typen machen«-Sex – damit kommt man nicht durch Wurmlöcher und Antimaterie und wie das Zeug alles heißt. Sonnenflecken. Das ist die Stelle, an der du ruhig auch auf Sonnenflecken hinweisen kannst.

Wird eine Frau denn nicht wütend, wenn sie später dahinterkommt, dass ich – ahem – übertrieben habe?

Zunächst einmal: Wen kümmert das? Bis dahin bist du doch lange weg! Frauen mögen Fantasie. Sie wollen in einer Welt leben, in der es den Weihnachtsmann gibt, in der Vampire unsterblich sind, in der sie aber nach dem 19. Lebensjahr, wenn sie die Pubertät hinter sich haben, nicht mehr altern, sie wollen daran glauben, dass der amerikanische Präsident tatsächlich vom Volk gewählt wird und nicht von einem Geheimkader von Geschäftsleuten. Wenn eine Frau wirklich so gern an all diese Sachen glauben will, dann wird sie dir auch mit Freuden glauben, dass du der Fürst von Eurasien bist oder ein Mann mit Gefühl.

Aber was passiert, wenn sie mir mittendrin auf die Schliche kommt?

Sie wird begeistert sein! Nichts wollen Frauen mehr als Aufmerksamkeit. Egal, welcher Art. Vergiss nicht, dass eine Frau sich zu jedem Trottel ganz automatisch hingezogen fühlt. Weswegen? Weil ihr Daddy einer ist. Im Grunde seines Herzens hat er sich einen Sohn gewünscht, und mit einer Tochter kann er nichts anfangen – also lässt er sie links liegen. Das wäre tragisch, wenn nicht dabei ein Mädel herauskäme, das sich nach Gesellschaft sehnt. Ich träume davon, jedem dieser armseligen Väter eines Tages einen großen Präsentkorb zu schicken, all denen, die jene Legionen von willigen Töchtern großgezogen haben, die wir heute so mögen. Danke, ihr vertrottelten Väter.

Nun aber ehrlich – was ist, wenn sie mir übelnimmt, dass ich nichts weiter als mit ihr schlafen will?

Jetzt hör mal zu. Selbst wenn die Masche vollkommen schiefgeht und die Zielperson dir ihren teuren Cosmopolitan ins Gesicht schüttet, besteht doch eine gute Chance, dass ihre hochattraktive Freundin beim Ausfüllen der Anzeige für die Polizei plötzlich innehält und überlegt: »Mensch, immerhin hat der doch Arbeit reingesteckt, um eine Frau kennenzulernen. Wie viele Männer machen sich nicht mal die Mühe.« Vielleicht kannst du dich später mit ihr treffen ... wenn du einen guten Anwalt hast.

ÜBER DIE VERFASSER

BARNEY STINSON hat mit unzähligen Frauen geschlafen, und trotzdem ist nie eine davon schwanger geworden, jedenfalls soweit er weiß. Wenn er nicht gerade damit beschäftigt ist, euch auf seiner fabelhaften Website www.barneysblog.com zu erklären, wie man ein toller Bursche wird, betätigt Barney sich gern als Unterwäschemodel, füllt eine seiner 83 Weinmarken ab, oder er lässt sich mit Waisenkindern, verlassenen Hündchen und überhaupt mit allem fotografieren, was das Signal »verletzlich« aussendet.

MATT KUHN ist Drehbuchautor für die Fernsehserie *How I Met Your Mother*. Neben der Arbeit an Barneys Blog hat er fünf Episoden zu der Serie beigesteuert, darunter »Slapsgiving«, »Three Days of Snow« und »Double Date« (»Klapsgiving«, »Drei Tage Schnee«, »Doppelgänger«). Zusammen mit Barney Stinson hat er den *Bro Code* verfasst. Matt lebt in Los Angeles mit seiner Frau Alecia und ihrem Hund Maggie, der, obwohl ausgewachsen, ihm nur bis unter das Knie reicht. Ein klarer Verstoß gegen den *Bro Code*. Uups.

Die Kult-Bücher zur Kult-Serie

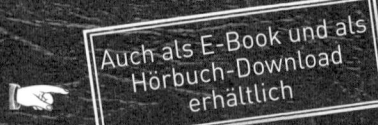
Barney Stinson | Matt Kuhn

Der Bro Code für unterwegs

144 Seiten
Preis: 6,99 € [D]
ISBN 978-3-86883-148-1

Barney Stinson | Matt Kuhn
Der Bro Code
Das Hörbuch

Preis: 9,99 € [D]
ISBN 978-3-86883-148-1

Barney Stinson | Matt Kuhn
Das Playbook
Das Hörbuch

Preis: 9,99 € [D]
ISBN 978-3-86883-186-3